さよなら、カルト村。

思春期から村を出るまで

高田かや

文藝春秋

もくじ

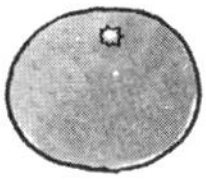

プロローグ

こんにちは!! 高田かやです
ふさおでーす
『カルト村で生まれました。』が発売されてしばらくたちます
その間 色々ありました
重版 決まりました!!
うおっ!?
またまた増刷 決まりました!!
ええっ!?
私の思い出に これほど興味を持って もらえるとは思っても みませんでした
読んでくださった皆様 本当にありがとうございます
実は、コミックエッセイを描いていることは 自分の親には内緒にしていたのですが…
新聞の書評欄に 載ったことで親にバレ 連絡が来て——
水くさいわね 教えてくれたら 良かったのに
うん、でも仕事として 続けられるか分からないし 社会保険にも入れない 不安定な仕事だから 心配かけたくなくて

何言ってるの 新聞でも誉めてたわよ やりたいことができて良かったじゃない
そうかな
お父さんも「文藝春秋から本を出すなんてすごいな」って言ってたわよ
なら良かった
そこ!?
そんな軽い感じで良いんだ? 内容は…?
両親にも報告できたし 続編にもGOサインがでたし
うわー 急に忙しくなったぞ!
それでもまだ現実のスピードに乗り切れていません
いろんな感想を頂き、読者の方が知りたいことと自分が描けることの折り合いに悩みましたが
うーん別に批判したい訳でもなく
そんなに深く村のこと知らないし
昔のことだし
視点が違う…?
考えたけどつかみ切れないや
まぁ同じ調子で描くよ
それで良いんじゃない? 感想なんて十人十色で違って当たり前なんだし
と、いうわけで好奇心旺盛で食べることが大好きなひとりの少女から見た村の中等部・高等部編をご覧ください
行くぜ中等部!!

ここで村の特徴をおさらい
○村は農業を基盤にしたコミューン
○大人と子供は別々に生活する
○村の中の物は全て共有
○食事は昼と夜の1日2食
○お小遣いが存在しない
○子供は漫画が禁止で
テレビも決められた番組のみ
○体罰は当たり前
村の子供は世話係と呼ばれる数人の大人と子供だけの集団で暮らす
小学校と中学校は※一般の学校へ通わせてもらえるんだ
※村以外の一般社会を「一般」と呼ぶ
5歳以下の子は日中だけ村の保育所へ預けられ夜は親と一緒に過ごします
集団生活は6歳から
親は別の村の大人だけの生活空間で暮らしていて年に数回しか会うことができない
父
母
村の子は村で飼っている動物の世話や畑仕事など労働の手伝いをする
朝夕労働をしなくちゃいけなかったから放課後に学校の友達と遊んだり、部活動するのも禁止だったんだよね

村は全国に30ヶ所ほどあり
村によって規模や産業が異なる

本部と呼ばれる一番大きな村が東海地方にあり
村の子は各地の村で暮らしながら中学校を卒業すると
全員本部にある高等部に集められる

ドキドキ中等部ライフ

村の進学
一般の勉強を教わる学校とはまた別に、村の子は村の中で村独自の「学部」に所属していて
年齢によって初等部・中等部・高等部に分類されて各部それぞれ別の宿舎で暮らすの
子供の数が多いから同年代の子を集めて部に分けることで村が管理しやすくしたのかな
そして村の上の学部へ進むにはそれぞれ筆記や面接試験を受けるの
一般の学校の入試とは無関係の、あくまでも村が勝手に村の子の学力などを試す試験なんだけど
へー
村の中等部の試験に不合格だった場合初等部の宿舎で小学生と暮らしながら中学校へ通うことになってしまうので必死に勉強した
実際にひとり初等部に中学生がいた
…
カリカリ
カリカリ
中等部の試験は東海地方にある村の本部で行われるので
各科目の学力テスト
けっこう難しい
小6 算数
小6 国語
理科
試験の日は各地の村の初等部生が車で本部へ集結する
問題の中に農業に関する質問が混ざっているのが村っぽくておかしい
Q「鍬」の読みと絵を書きなさい
くわ? かま?
かまにしておこう…
正解は「くわ」だよ!

小学校の勉強はそこそこできたので無事合格
世話係
全員合格です
ほっ
次にどこの中等部へ行くか発表します
初等部の間は親のいる村の近くに配属してもらえるが中等部になると本部の人事担当者が指定した村へ行かされてしまう
ゴクリ
もちろん個人の意思は関係ない
世話係さんが優しい所になりますように
ドックン
親のいる村の中等部が良いな
ドックン
あいつらと同じ所に行きたいな
ドックン
遠くは嫌だな
ドックン
次に埼玉の中等部…
私は女子の中でただひとり本部に配属された
別に希望を聞いてもらえないのは初めから知ってたし受かっただけでも良しとしよう
洋服や筆記用具など数少ない私物はダンボールに詰めて配属先へ送る
小学校の卒業式が終わった数日後みんなそれぞれの配属先へ村の車で送られる
着いたぞーー
男子はあっちでーー
女子はそっちー
着いたーー!!

本部だー!!
村の野菜畑
一般の住宅地
中学校
畑
肉加工場
柿
鶏 70万羽
お風呂
豚 1.6万頭
合宿会場
卵加工場
本部の大人の生活空間
食堂・風呂・寝室・蔵
来客ロビー ミーティング室
実習生宿舎
村の診療所
グラウンド
村の ガソリンスタンド
村の入口

ぶどう畑
果樹園
大学部男子（風呂・寝室）
花畑
ゆすらうめ
バッティングセンター
みかん畑
緑地公園
畑
高等部・大学部女子（風呂・寝室）
ランドリー
牛500頭
森
グラウンド
食堂
屋内温水プール
野菜出荷場
高等部男子（風呂・寝室）
3F ロビー
2F
1F 厨房
農産加工場
高速道路
本部は村の中でも最大で敷地面積は約30万坪!!今までいた初等部のある村の30倍もありました
畑の広さも動物の数も桁違いです
畑
中等部男子
3F 中等部女子
2F 初等部男女
1F 幼年部男女
プール
講堂

中等部の1日
朝5時半起床
パタ
パタ
パタ
スリッパの音が騒がしい
ピ・ピ・ピ・
ピピ・ピピ・
もう少しだけ…
部屋は中1から中3まで混合の6～8人部屋
かや そろそろ起きな
あーい
むくり
起きたら布団をたたみ 押入れへしまい 洗面・労働へ向かう
6時 朝の労働
世話係の指示で それぞれの労働場所へ行く
いちご収穫や
180人分
中等部生用のお弁当作りや
食堂の掃除など
7時半 朝のミーティング・登校
早くー!!
ブルルンッ
村のバス5台に 男女別に分乗し 通学
待ってー!
ブロロロロ…
8時40分 授業
一般の中学校で 一般の子に交ざって 一緒に授業を受ける
クラス内に村の子が 8～10人いる
午後2時 下校
部活動禁止 男女微妙に距離を空けて 村のバスを待つ
テストどうだった?
でさー
あっバス来た!
ブロロン
3時半午後の労働
掃除や畑作業

5時 お風呂
湯船のお湯は循環式
一度に20人位入れるお風呂が6つある
ポコポコ
6時 夕食
男女学年混合の10人1テーブル
女子は早目に来て盛りつけや食事準備
テーブルで調理する物（オムレツなど）がある場合は講習会をしてもらう
フライパンをゆすりながら…
男子が席へ来たら
おかえりなさい
と声をかける決まり
食事中男女間に会話はない
ただいま
ポンッ
決まりで仕方なく言ってるだけだから目も合わさない
7時半 夜のミーティング
今日1日どうだった？
じゃあひとりずつ言っていこうか
ゲッ 私からだ
ペチャクチャ
座り方は自由。隣りの子とおしゃべりしてたり、みんなあまり真面目に聞いていない
8時半 宿題・勉強・翌日の用意
う～～ 明日小テストだ
あっそれ今日やったよ
別のクラスの子
内容教えようか？
9時半～日記
ルーズリーフに書いて世話係へ提出
今日はとくに何もなかった。
これといって何もなかった。
10時～11時 就寝
日記を書いた子から寝る
初等部～高等部までずっと2人1組で寝ていた
おやすみ
おやすみー

男子恐怖症
中等部になって各地の初等部から集まって来た村の子たち
初めは同じ村出身の子同士でかたまっているがだんだん打ちとけてくる
初等部と大きく違うのは男子と女子が違う建物で分かれて生活すること
男らしさや女らしさを学ぶためらしい
女子寮みたいな雰囲気だったよ
食事は食堂に行って男女一緒のテーブルで食べる
テーブル表が貼り出されその指示通り座る
同じ初等部出身の男の子に話しかけようとしたら…
ねぇねぇそっちは…
プイッ
ちょっとー
男好きなんじゃない?
ヒソヒソ
ヒューヒュー
…
なんで昨日まで仲良しだった男の子と話したらいけないんだろう
上級生の男女間には見えない壁があるような…雰囲気もどこかピリピリしてるし
スッ
目も合わさない
今思えばああしてあからさまに男女を分けると反対にお互い意識しちゃうよね
ちょうど異性に興味を持つ年頃だしね

さて初めてのテーブル割り
テーブル表
私の隣りのリョウタ君は女子を毛嫌いすることで有名な上級生だった
リョウタの隣りはかやで良いでしょ
そうねかやなら誰が隣りだろうが能天気に食事するわ
世話係たち
アハハ
これはみもの!
新入生なので配膳の仕事が少ない端っこの席
能天気
ガツ
ガツ
おひつやコンロの前には必ず女子が座りおかわりの際は自分で盛りに行かず器を回してよそってもらう
おかわりください!
リョウタ君の反応
その①
無視
…
…
??
その②
舌打ち
チッ
その③
私の茶碗に触れた手を執拗に手拭きで拭く
はぁーっ
ふき
ふき
ふき
その④
食器を叩きつける
バンッ
その⑤
大きな独り言
あーうぜぇ

今日はどんな反応をされるかと
怯えて毎日ビクビクするようになり
食事時間が苦痛で痩せる
怖い…
大丈夫？
あれはちょっと
ひど過ぎるね
見かねた同じテーブルの上級生が世話係へ
訴えてくれて席替えになったが
よく知らない相手から憎悪を向けられた
ショックは強く
びくっ
男子を見ると
反射的に
体がすくむように
なった
決定的だったのが
あっ昔初等部で
一緒だったテツオ君
久しぶりだー
初等部2年生の時
別の村に引っ越した
懐かしいなー
話しかけようかな
そー…
きもっ
あんなに
仲良しだったのに…
男子ってもしかして全員
私のこと嫌ってるのかな
そうとしか思えなくなり
きもって…
??
男子が笑っていれば
自分が笑われていると思い
ギャハハハ
男子が話していれば
自分の悪口を噂されている
気がして
ヒソ
ヒソ

結果すさまじい男性不信に
男の子なんて…
大っ嫌い!!
向こうが嫌う前にこっちから嫌ってやる!!
どうどう
まあまあ
男子部と女子部はそもそもそんなに接点がなく、お互い意識しつつも避けあっていたので
わい わい
うわっ
道で男子の集団に出会うととりあえずみんな逃げるのだが
行こう!
この時の逃げ足の速さが私はずば抜けていて
はやっ
怖い!やだ!恥ずかしい!!
びゅん
知ってる?かやちゃん 男子が来ると超足速いの
見た見た
学年で一番速い子も抜いて走って行くんだよね
普段は足遅いのにねー
こうして女子部の間でも私は男嫌いとして認められそのまま大きくなっていった
怖かったー…
ハァ ハァ ハァ
かやちゃんは気にしすぎだよ
うん、自意識過剰ってよく言われた
でもいまだに男の人相手だと緊張して身構えちゃうし少し怖い…

中等部の労働
初等部と同じく一般の学校へ通ってるから労働といっても朝と夕方だけ
農作業はいちごの収穫をするくらいで
あとはお弁当作り 食堂の掃除 洗濯室の掃除 男子部の掃除… 掃除が多かったな
男子部の掃除も女子部がするんだ？
男女別の生活なのに
通常は女人禁制の男子部だが掃除は女子がやらされた でもやっぱり男女間のあれこれが起こると問題だから選抜チームが組まれる
お掃除戦隊!!
ロンガイジャー
ボーイッシュ
男子に興味なし
世話係に言われた通りやる
子供っぽい
男嫌い
…げせぬ
間違っても男子にモテる子や男好きな子は選ばれない
つまり「こいつは男子部に行っても何とも思われないし何も起こさない」って世話係に思われてるってことだな
きっとかわいい子が男子部の掃除してると待ち伏せする男子がいるんだよ
男子がソワソワするような子はダメなんでしょ
…
心外

女子のプライドと引き換えに入った男子部は(大袈裟)それでも普段入れない場所なので物珍しく
へぇ男子部漫画あるんだ!
良いなぁ女子部にはないのに…
野球をテーマにした漫画がたくさん
男子部 探索
へぇこんな部屋割りなんだー
上級生が男子部の部屋を掃除中押入れの中からくしゃみが聞こえたので開けたら
・・・
・・・
労働をサボって隠れていた男子と目が合ってしまい
その後どうしたの!?
え?「掃除するから出て」って言ったら黙って出て行ったよ
?
うわーそんなことあるんだー
私だったら黙って閉めちゃうな
とりあえず押入れには近付かないでおこう
男子部は危険がいっぱい☆
くす
異性が気になるお年頃
おっ
ヨージ先輩の答案用紙発見!!
男嫌いだった私も意地悪なリョウタ君と食事の席が離れて大分経ったこともあり
当時食事テーブルが同じだった1年上のヨージ先輩が
ありがとう
誰にでも優しく自然に接してくれて
ほのかに好きだった
同じテーブルの女子は多分みんな好きだった

94点…
さすがヨージ先輩…
字もきれい…
ポッ
男子部の洗濯物を各自の衣類棚へ配るのも選抜チームの仕事
人数が多いので個人の棚を探すのも大変
ひょえー
時間ないからどんどんやろう
慣れてくると名前と棚の位置を覚えてきて配るスピードが速くなる
ほい
ほい
ほい
ほい
あっ先輩のパンツだ
トランクス派ですね…
Mサイズ…
ポッ
プライバシー0《ゼロ》
かわいい女子は絶対に知ることのない情報を得ることができた
このように決して乙女心がなかった訳でもないのに安全牌扱いされるのが不満だった
あれっ そう言えば洋服って共有かと思ってたけど一応自分の物ってくくりがあるんだね
トランクスかブリーフも選べるんだ！
あぁうん、「共有」は一種の考え方で、筆記用具とか洋服とか区別しないと混乱するものは私物として渡されていたよ
洋服の場合
裾の裏などに全て名前を入れる
ナイロンのネームテープを縫いつける(女子の仕事)
衣類棚に入れられた服は、自分のタンスに移して管理する。お風呂に入る時はタンスから着替えを持参する

入浴時に脱いだ衣類は、お風呂を出た所にある洗濯物の投入口へ選別しながら入れる
パタン
パタン
あっこれまだネームテープ付けてなかった！
下着
ブラウス
トレーナー
大勢で暮らしているので無名で洗濯に出してしまうとなかなか手元に戻ってこない
ネームテープの付いていないものは
投入口の前にテープとペンが用意されているので名前を記入し安全ピンで止めて応急処置して投入
シーツ
くつ下
下着
ブラウス
トレーナー
ズボン
投入口の裏側はこうなっている
よしとりあえずOK
パタン
いっぱいになった洗濯物のコンテナは担当者が運び出し洗濯してくれる
ほいいっぱいになった
はい
ズズー
ランドリーは大人用・子供用・合宿用など何ヶ所かあり、子供用のランドリーは高等部女子宿舎の横にあった
ずらりと並ぶ洗濯機に人がすっぽり入れるくらい大きな乾燥機がたくさん!!
この乾燥機の掃除も中等部女子の役目
ゴウン
ゴウン
ゴウン
洗濯が終わるとランドリー担当の人によってたたまれ、それぞれの衣類棚へ配られる
あっお気に入りの服戻って来た
お風呂の前後に衣類棚へ寄って自分の棚の洋服を回収する（洗濯に出してから手元へ戻るまで2〜3日かかる）
村の仕事は分業化されてたから自分の役割さえしていれば後は何の心配もいらないの
パンツも共有するのかと思ってたよ
ふーん
ネームテープがついてなかった洋服は洗濯後迷子コーナーへ置かれる
あっ戻って来ないと思ったらここにあった!!
迷子
自分の服を見つけたら救出

中等部の食生活
中等部に入ってからは初等部みたいにひもじい思いはしなかったよ
ぐー
朝ご飯はあいかわらずなしでしょ?
体が2食に慣れたの?
ジュー
ジュー
そうじゃなくて村の規模の問題
本部はすごく広くて食べ物がいっぱいあったの
あっ つまみ食いしてる!
はむ
朝
通学バスの中で早弁
お弁当のにおいが充満
半分食べて上手にカモフラージュ
モグ
モグ
私も食べよー
昼
学校で残りのお弁当
クラスに村の子が何人もいるので教室中が村の子のおかずのにおいになる
もう食べ終わったん?
一般の子
うん、朝食べ過ぎちゃった
夕
村の食堂で男子がいなくなったらかき込む
ごちそうさまー
よし行った!!
ガツ
ガツ
今のうち!
あんたまだ食べてるの
学校のない日
よし!じゃあ今日は豚舎の横の柿をとりに行こう!
うん!

勝手に村の果樹収穫
ブヒ
ブヒ
豊作だ!!
すたこらさっさ
よし戻ろう
バレてないよね?
多分
ずっしり
収穫した果物は個人の引出しに隠してお腹が空いたら食べる
この保存食のある安心感!!
みかん
柿
りんごなど
初等部の時の村は周りに栗とビワの木が1本ずつあるくらいで
本部は村の豊かさが違ったね!!
規模の大きい村だから果樹もたくさんあったんだね
ほらほら
食べるか話すかどっちかにしなさい
女子部の宿舎には給湯室もあった
入口
ゴミ箱
食器棚
流し
冷蔵庫
コンロ
電子レンジ
食器棚
テーブル
丸イス
主に病気の子や学校を休んだ子がご飯を食べる場所だったが
その給湯室の冷凍室へ食事の際出たデザートをこっそり持ち帰って入れておき、後で食べたり
できてるできてる冷凍みかん!
ヴーン…
禁止されていたがコンロを使って調理にも挑戦したりした
練乳を煮詰めたら生キャラメルできた
!!
成功!!
小麦粉と水と塩を丸めてゴマ油で焼こうと思ったのに…
粉と水が分離しちゃう
なんで?
厨房からこっそり持ってきた粉
小麦粉と片栗粉を間違えて失敗!!

菓子パン天国!?
本部の食生活で一番大きな存在
それは・・・
菓子パン
え? 村で菓子パンなんて食べられたんだ?
村で作ってたの?
ううん 一般のメーカーのだよ
村では家畜をたくさん飼育しているでしょう?
そのエサとして近隣の企業から廃棄される食品をもらっていた
どうぞどうぞ
廃棄にはお金がかかるので、タダでも引き取ってくれるならと喜ばれていた
ありがとう
食べ物を無駄にしない「地球環境保全」(略して地環《ちかん》)が目的だった
動物は消費期限切れでも気にしない
資源の有効活用!!
ブヒ
ブヒ
エサ
エサ
他にもスナック菓子・クッキー・アイス・チョコレート・おせんべいなどのお菓子類やバナナなど果物もあった
へーバナナも!
うん 輸入時の傷物とかだね
中身はキレイなもんだよ
お菓子は製造ラインで不良品が出たらその時ラインに乗っていた物全てが廃棄になるらしかった
うーん でもそうやって食の安全を守っているんだろうし
仕方ないよね
もったいないけど…
バナナどーぞ

※これは約20年前のお話です

そりゃあたまに
いただきまー…
ん!?
はむ
てな事や
やっぱり! カビ生えてる
うそ!?
私さっきそれと同じパン食べちゃった!!
じーーーっっ
これはもうダメだわ
てな事もあった
お腹痛っ… うわーさっきのチョコだ
やばい…
いてて… いて… 動けない…
初等部時代は甘い物を節制させられていたため、菓子パンの山を見せられて「考えて食べなさい」と言われても頭に入るはずもなく
おいしいな♪
おいしいな♪
幸せいっぱいで食べまくり
口が肥えてくると
これは嫌
メロンクリームパンのクリームには着色料が入ってるから食べない
ぺいっ
生意気に選り好みしたりしつつ中1から高3まで菓子パンをたらふく食べ続け
とっても大きくなりました
ドーン
ぱつ
ぱつ
身長164cm
83cm
体重62kg
ロビーに並ぶのは消費期限切れの菓子パンだけでなく
村で作っている季節の果物や
みかん
いよかん
はっさく
甘夏

各地の村の生産物
中でもお気に入りはスイスの村から届く「クワルク」
パンにぬって食べるチーズ
スイス以外にもタイ・ブラジル・アメリカ・韓国・オーストラリア・ドイツなどにも村があった
世界中にあったの!?
ソフトクリーム機も2台あって夏になると好きなだけ食べられた
巻くの楽しい
ニュ～
炭酸水が出る機械もあったので色々ブレンドしてオリジナルデザートを作ったりもした
ブラジルの村のオレンジジュース
+
炭酸水
+
ソフトクリーム
オレンジ
オレンジソーダフロート
村の生産物の中でも特に好きだったのが
すごい!! 今日シュークリームあるよ!!
シュークリーム・プリン・ドーナツ
えっ
基本売り物なので滅多にないが売れ残るとロビーへ出される
人数分ある訳ではないので早い者勝ち!!
こんな感じで中等部になってからはたっぷり食べてたよ
充実の菓子パンライフ!
うーん気になることは色々あるけど
空腹じゃないなら良かった
…のかな?

数日遅れのクリスマス
本部で暮らす村の子のクリスマスは当日ではなくその数日後にやって来る
ガラガラガラガラガラガラ
グラ
グラ
一般の企業から毎年届く売れ残った大量のクリスマスケーキ
ガラガラガラガラガラガラガラガラ
食堂入口にメニュー表が置いてある
夜のメニュー
からあげ
野菜サラダ
カボチャスープ
デザート
ホールケーキ
ザワ
ザワ
やったー！
いつも菓子パンを送ってくれる企業がクリスマスシーズンはケーキも作っていて
Merry X'mas!!
届いてから数日間はこのケーキが毎食後食べ放題!!
2、3日中に食べられるだけ食べ残りは豚のエサ
今年は生クリームにマジパンタイプが多く売れ残ってるね
次のケーキ切りまーす
マジパンはイマイチ
毎年チョコ系は少ないからよく売れるんだね
チーズ系も少ないね
期限切れのケーキを食べつつその年の傾向と感想を論じ合う
村では宗教絡みのイベントを一切しないので、クリスマスは存在しなかったが雰囲気は味わっていた
満足…！
ホールケーキ太りっ
ぱっつん
ぱっつん

※ピクニックのように外でご飯を食べる日のこと

日記
中等部に入部してから増えた日課が「日記を書く」こと
ルーズリーフに鉛筆で書く
毎晩寝る前に
中等部の世話係
はーい日記の時間ですよー
書いた子から寝ましょう
はーい
世間一般の日記と違うのは書いたら必ず提出して大人に見せなくてはならない決まり
世話係が読み
ふむふむ
赤ペン先生（日記担当の村人）が読み
ふむふむ
ここで日記へ書き込みが入る
世話係より返却
日記返しますかやー
はい
戻って来たらバインダーに綴じる
おっ赤ペン入ってる!!
なになに「どうしてそう思ったのかな?」
これが嬉しくてねー
いつも赤ペンが入ってる訳ではなくて赤ペン先生の琴線に触れた日記だけに返事が書いてあるの
日記を人に読ませる!?
返事!?
えっと…
それ洗脳の一環じゃない!?

まぁ子供なので目的は
分からなかったけれど
日記はめんどくさい
でも赤ペンがたくさん入ってると嬉しい
くらいに考えていた
中でも赤ペン先生が○☆(丸星)をつけた日記は、皆の前で読み上げられ廊下に貼り出され、ミーティングの議題になり村の機関誌に名前入りで掲載される
見せてー
わぁ丸星だー
へー!
見せてー
退屈な日常のささやかな楽しみ
なので村の子の日記は「いかに丸星をもらうか」が目的になり知らず知らずのうちに村の考えが浸透していくようになっていた
・・・
今考えると良くできてる
ねぇ
でも私は単純に返事が嬉しかったのでいろんなパターンの日記を書いてみた
これは丸星だろー
カリカリ
カリカリ
日
○普通の日記風
「5時半起床・労働(トイレ掃除)後7時半ミーティング・8時登校・・・」
日記というか日誌?記録風・・・
結果
赤ペン入らず
良いともダメとも言われず スルーされ続けたので不気味になり数回でやめる
とりあえず「村が日記に求めているのは1日の流れを記録することではない」と分かった
そうだろうなとは思っていたけど・・・

文章を長くする
どうだ3枚の大作!!
シーン…
ふう
ってみんな寝てるし!
結果
赤ペンは入っていたけれど
短かっ!!
でもそうか 私が3枚ぎっちりに書いたから 余白が少ししかなくて 赤ペン入れようがなかったか…
「赤ペンは書いた量に比例するわけではない」
暴挙に出る
これでどうだ!!
内容の全くない日記を提出
赤ペンたくさん書けるようスペース
あけてみました。どうぞ心置きなく
ことを色々書いて下さい。
結果
ざわ…
かやちゃんのすごい
赤ペンで真っ赤だ!
うわっ何これ これで丸星じゃないの?
うわー
って言うか こんなの出したの?
見せてー
なにー?
ルーズリーフが赤ペンでぎっしり
「赤ペンがたくさん入ったからといって丸星とは限らない」
書く場所がないと確かに書けないことはあるけれど 何のための赤ペンなのかよく考えて…云々
はは… そりゃそうだ
後にも先にもこんなに大量の赤ペンが書き込まれた子はいなくて、しばらく話のタネになった
結局その時の赤ペン先生の何かに響いた日記に赤ペンが入るってことかな…
意外とアバウト
でもせっかく書くならやっぱり反応があったほうが嬉しいな

初めての 丸星日記
丸星の日記があるので読みます 高田かや、今日…
かやちゃんだ
No.1年 高田かや
Date ・9・3
今日 学校でお弁当を食べた時、入っていた皮付きぶどうを手で食べようとしてふと恥ずかしくなって、お箸でつまんで食べた。お箸で食べたぶどうはあまりおいしくなくて、いつも通り手で食べれば良かったなと思った。
えっうそ!? 何て書いたっけ!?
すごーい
やったね
食べ物の話なのがかやちゃんらしい！
入ってたねーぶどう!!
笑われた
…
何度目かの 丸星日記
No.2年 高田かや
Date ・9・30
今日の夕食は豆ご飯だった。夕方の労働で大学部の人と2人でおひつにご飯を入れていたら、その人が「おいしそうだね！豆が光ってるね！」と何度も言ってきた。私は豆ご飯が苦手なので黙っていたけど、あまりに楽しそうなので真似して「おいしそう」と言ってみたら本当においしそうに見えてきて、作業も楽しくなってきた。労働後 夕食を食べた時、豆ご飯がいつもよりおいしく感じて周りの子にも「今日の豆ご飯おいしいよ！」と言っていっぱい勧めてたくさん食べてもらった。
でもよく覚えてるね日記の内容なんて
うん、赤ペンでどんな返事が入っていたかは忘れたけど丸星もらったのは印象に残っているから覚えてるよ
また食べ物…

恐怖の個別ミーティング
中等部女子部には各学年に2人ずつ担当の世話係がついた
男子部と女子部ははっきり分かれているから男子部の世話係さんとは関わりがほとんどないんだけど
ここだけの話 男子部の世話係さんはすごく怖いって噂だった
コソッ
ふむふむ
怒るとすごい暴力を振るったらしい…
見た訳じゃないけどね
中等部に入って初めて世話係から呼び出された時
叩くかな？
やだな怖いな
ビク
ビク
最近のあなたの態度見ていて
ちょっと気になったんだけど…
淡々
淡々
ドッキーン
聞いてるの!?
は、はいっ!!
ぱんっ
じゃあ今後はどうやっていきたい？
もっとみんなと一緒に… 思いっきり…
ドキ
ドキ
ドキ
叩かれるかと思ったー
淡々
その後何事もなく解放
やったー!!
中等部では叱られる時叩かれないんだ!!
←中等部になって一番嬉しかったこと
（初等部ではビンタが当たり前だった）
しかし体罰はなくなったが中等部にはまた違った恐怖があり
宿舎でご飯…
あれ？うめちゃん具合悪いの？
あぁ昨日からコ・ベ
カチャ
カチャ

個別ミーティング（略してコベ）とは
ひとりだけみんなと違う部屋に隔離され
異なる生活をさせられること
集団で暮らしていると
これは案外こたえる
精神的にキツイ
世話係から呼び出しが
あると、すぐ終わる話か
そのままコベに突入か
どっちだろうってドキドキした
個別ミーティングの期間はその子の
状況により1日～数週間ほど
その間は
学校も休まされ
ひたすら静かに
考えさせられる
個別ミーティングになる理由は人それぞれ
だけど、子供たちからしたら特別大した
理由には感じられず、ランダムな見せしめか
戒《いまし》めくらいに思っていた
初等部では世話係の
気に障ることをしたら
怒られていたけど
中等部では何か違う次元で
怒られる感じ
世話係の意思ではなく、何か
見えないルールに照らし合わせて
いるような…
「あなたはまだ分からないだろうけど
大人である私には見えていることが
あるから叱ってあげてるの」みたいな
子供には全く意味不明な理由が
主だった
私の一番長かった個別ミーティング
ある朝学校へ行く直前
そういえば先生に
学校の図書室で課題を
調べるよう言われたな
村の子は学校の図書室への
出入りは禁止で、使用したい時は
こっそり行っていた
でも今回は
先生の指示だし
堂々と行っても
良いはず
一応確認しようと
先生に言われたので
今日学校の図書室
行っても良いですか？
あなた今
なんて言った？
今日もう学校行かないで
良いからあっちの部屋に
行ってな

えっ!?
あれ？意味伝わらなかったかな？私変なこと言ってないよね？
いえ、ダメなら利用しません 聞いただけです 学校行かせてください
あらそう、でも学校は行かなくて良いよ いいからあっちで正座して待ってなさい
とりつくしまなし
えーん わけ分かんないよー
今日楽しみにしてた授業あるのにー 学校行きたいよー
ウエーン
ウエーン
そしてこの個別ミーティングがまさかの2週間。階下の幼年部へ行かされ1日中子供の世話と労働
良いなぁ
いってきまーす
バス出るよー
中等部に戻ってみんなと学校行きたいなぁ
トイレ掃除↓
このまま中等部に戻れないんじゃないかと不安で毎晩泣いていた
幼年部の物置き部屋↓
ぐすん
初めは
なんで？
判断を仰いだんだからむしろ良いことじゃない？なんか誤解されてる？
と思っていたけど
あまりの意思疎通のできなさに
反抗しようと思ったわけじゃなくて…
？？
あんたまだ分からないの！
そんなこと聞いてるんじゃないよ！
これではらちが明かないと思い

意思を伝えることは諦め
幼年部へ行かせた理由があるはず…！
カクカク
幼年部の子を見ているととても素直で…私も…
あら
よく学んだようね
世話係が求める態度は何なのか研究し実践し
晴れて中等部に戻ることができた
久し振りの学校!!
ジーン…
でもさっぱり授業が分からない…
まぁいいや…
私が思うに、村は「ミーティングでみんなの意見を出しあって方向性を決めよう」と言ってはいたけど形だけで
「こうするべきだ」という見えないルールがもう最初からあって
それに沿った行動ができる子供を育てたかったんじゃないかな
まぁ話を聞いてるとマインドコントロール以外の何ものでもないな
中学校に行かせないって普通じゃないよ
この頻繁にあった個別ミーティングの後遺症でいまだに
ところでかやちゃん話があるんだけど
とか
ちょっとそこに座って
何？何？
ビクーン
とか言われると固まる
次の旅行だけど…―かやちゃん？
？
怒らないよ
でも学校そんなに休んで勉強大変だったでしょう
いや、それが
ホッ

当時の村では子供は義務教育までと決まっていて、中学校より上の学校へは行けなかった
別に勉強ついて行けなくても良いやー
どうせ高校行かないしー
なので中学の授業は好きな教科だけ真面目に勉強して、あとの時間は絵や手紙を書いていた
・・・
そんな調子だったから学校休むのは別に平気だったの
ほぼ小学生並みの学力
学校全体の3割くらいが村の子で
村の子が一気にやめたら学校も困るんじゃない？
いや、村が学校にかなりの寄付金を渡してるらしいよ
いろんな噂を耳にしたがーー
男子部の世話係が学校に圧力かけたって聞いたけど？
突然の休みも2週間不登校も一切注意されなかった
一般の同級生とは仲良くしていた
なんで休んどったん？
久しぶり～
遊び行ってたん？
もちろん勉強が好きで真面目に授業を受けている村の子もいたけど少数で、それ以外の子たちみんなで示し合わせてテスト用紙を白紙で出したら
学年平均がガクンと下がり先生大パニック！
えらいこっちゃ
えらいこっちゃ
さすがに大問題になりひとりずつ呼び出され注意された
私はみんなで示し合わせてというノリが苦手だったので、分からないなりにテストは解答して提出したのだが
高田、村の子みんな白紙だったのに答え書いてたけど大丈夫なの？
他の子とうまくやれてるか？
はぁ…
みんなとは違う理由で呼び出される

先生に仲間外れの心配させちゃった…
白紙連盟に誘われたけど断った人
テストの点なんて気にしないし頑張って0点なら仕方ないけど、私分かる問題は解きたいんだよねー
昔から他の子がどうしようと気にせず我が道を行くタイプだった
中学校時代に村の批判本が出版され学校で回し読みしていた時も
これは、うちの初等部だね
実際あったし
どこどこー
こんなことされてたの?
あの世話係さん有名だよね
あーもう批判本は出るわ自由はないわ
村なんて最悪だよこんな所にいたなんて知られたら嫁に行けない
分かるー早く出たいよねー
うんうん
…と村を嫌う子が多い中で
そうかな?まぁ変な所もあるし一般とは違うけど
言うほどの不自由さは感じない。お金の心配もないし私はずっと村にいるよ
え〜〜っ
進路相談の時も迷いなく
村には適材適所といって各々の得意分野で働けば良いという考え方があり
私が数学できなくてもできる人がやってくれるから大丈夫なんです!
楽です!!
高田の考えは分かったあと他には何かやりたいことないか?
そ、そうか
あと他にやりたいこと…? 絵本は作ってみたいかも
ええなぁ!!「絵と文・高田かや」なんて、なんや名前もそのままいけるな!頑張り!!
私の名前作家っぽいかな…
真に受ける性格

本当にあった怖い話
それは私が中等部1年の秋だった
また夕方に話聞きにくるからそれまでひとりで考えてなさい！
その日個別ミーティングで学校を休まされた私は
人気《ひとけ》のない宿舎の一室に取り残された
ピシャンッ
パタパタパタ…
・・・
叱られている理由はあいかわらずよく分からなくて
外は良い天気で
・・・
私は昼寝をすることにした
どうせ夕方まで誰も来ないし
ふて寝。
ポカ
ポカ
3階のベランダ
どれくらい眠っていただろうか――
ふと気付いたら
あれ？
体が動かなかった
うっわー
まじでー
これって…
生まれて初めての金縛りだった

金縛りってそもそも夜になるものじゃなかったっけ？
なぜこんな真っ昼間に
誰か〜〜
怖い〜〜
金縛りと聞いてイメージしていたような縛られている感覚はなかったが声が出せないとは予想外だった
なぜか瞼は動くようだったが
いやこれは絶対開けたらダメなやつでしょ
怖くて必死で閉じていた
とにかく、もしこれが本当に金縛りでその理由が（考えたくもないが）霊なのだとしたら、どうすれば私を解放してくれるだろうと考え
無害をアピールしよう
動かない口のまま息だけでその時学校で習っていた歌を歌った
ほほ笑みー交わしてー
語ーりー合いー
落ち葉をー踏ーんでー
ヒュー
ヒュー
ヒュー
歌っているうちに意識が遠くなり――
……
ヒュー
ヒュー
……
ヒュー
ヒュー
気付いたら夕方で
体も動かせるようになっていた
夢…？
はっ
ブルッ
寒っ…
カー
カー
どっちにしても個別ミーティング中にふて寝したりしたからバチが当たったくらいに思ってた
なんだ金縛りかよくある話だね
全然怖くないじゃん

個別ミーティングも終わり
あれはきっと変な時間に変な格好で寝たからだろう
終わった終わった
金縛りのことは人に話すほどのことではないと思っていたのだが
このあともその部屋で夜寝てた子が金縛りにあい続け
もうやだー
毎晩だって
私もあの部屋でなったことある
うそ
あっ私もあるよー
他にも…
特に霊感が強い子は怯えて世話係へ部屋替えを要求
それだけ聞くと感受性の強い子供が「そんな気がする!」って思いこんで騒いだように聞こえるでしょ?
うん
私もそう思ってたし世話係さんにそんなこと言ってもとりあうはずがないんだけど
半年後新しい寝室の部屋割りが発表された時
毎年世話係が決める全学年混合の部屋割り
部屋割り
ざわ…
その部屋は空き部屋になっていた!!
端っこの部屋を空室にするなら分かるけどあえて真ん中の部屋を空き部屋にするって不自然じゃない?
何が怖いって普段は子供たちが何言っても軽くあしらう世話係さんがその話だけは真に受けたってことだよ!
確かに…
心当たりがあったってことか?
理由を追及する勇気もなく誰もその部屋については触れないままその部屋はその後もずっと空室だった
その部屋で個別ミーティングをしていた子が飛び下りて自殺したと聞いたのはそれからしばらくたってからだった

中等部の禁止事項
①音楽を聴くこと
②男女交際
③一般の本を読むこと
①の音楽は私はそれほど興味なかったけど
好きな子はどうにかして手に入れたウォークマンでこっそり聴いてたよ
一般にいる親族に送ってもらったりして
イヤホンの片方を貸してくれたので私もたまに聴いていたけど、音楽よりイヤホンやウォークマンの性能に感心していた
親が一般の子は、親元に帰った時外で流行っている曲を覚えてくるし学校の子にも教えてもらえるのでヒット曲は村の子も歌えた
あいしてるのひびきだけでつよくなれるきがしたよ
お風呂や食堂へ行く途中みんなで歌いながら歩く
外の曲歌っても怒られないの?
うん黙認
流行が気になる年頃だし外で流行してる歌はどれも良い曲に思えた
いろんな子から様々なジャンルの歌を教えてもらったよ
ブルーハーツとかミスチルとか
②の男女交際は「子供らしくない」っていうのが禁止理由だったみたいだけど
男子が苦手だった私には特に関係なかった
…
かやちゃんには僕がいるじゃないか!
キリッ

しかしそこは年頃の男女
こっそり付き合っている子たちはいた
村の子
村の子
一般の子
村の子
同学年の村の女の子はかわいい子が多くて…
ある時 下級生の子たちに
ねぇねぇかやちゃん 同級生のうた子ちゃん 男子部と付き合ってるって本当？
えっ!?
上級生の人と夜中に牛舎の横を手つないで歩いてたって…
本当？
本当？
わく
わく
い、いや何かの間違いじゃない？
そんな話聞いたことないよ
えっそうなの？ あれー…？
この私に恋愛関連の話を聞くとは…
それにしたって牛舎でデートって…
クスッ
シュールル…
モー
モー
ンモー
変な噂だなと思っていた
しかしその後たまたまうた子ちゃんと歩いていた時
かやちゃん、実は私男子部の人と付き合ってるの
えっ!?
夜会ってるのー …なんてうっそーん
えへへー
…
こ…これは多分本当かも
ゴクリ
誰かに言いたかったんだな…
ボーっとしていて噂話にうとい私には
みんな話しやすかったようで
知らず知らず情報が集まり
たまに合致してしまう

聞かなかったことにしておこう…
他にも風邪で休んでいた時同じく風邪で一緒に寝てた子に
私付き合ってる人いたよ
えっ
みんなには言わないでね!!
念を押され聞いた話だと
模範的な良い子
呼び出され
告白され
好きです付き合ってください
高等部同級生
別に良いかと思いOKして付き合った
デ、デートはどこでするの
女子部の裏の果樹園で待ち合わせして夜会うの
日中は労働があるため会うのは人目を忍んで夜になるようだ
しかし世話係にバレ
あなたが今男の子と付き合うことは必要かしら?
そんなことよりもっと今やるべきことがあるんじゃない?
あなたなら分かるわよね
ね?
優しく諭されあっさり別れたとのこと
見つかっちゃって注意されたから別に良いと思って「じゃあ別れます」って言ったの
相手?どうなったか知らない。それから会ってないし
ニコニコ
相手に同情しちゃう
うわー
模範的な子だったから意外だったが案外私が知る以上に大勢の男女が隠れて交際していたのかも知れない
それにしてもみんな誰かに聞いてもらいたいんだなー
風邪治った

あれっでも
恋愛禁止ってことは
村人同士の結婚って
どうやって決まるの？
あー…
調整結婚…
調整結婚!?
もちろん恋愛感情がある上で結婚したカップルもいたのだろうが、村の女性は若いうちに村の調整役の決めた10歳以上年上の男性と結婚させられるという噂があり
えーそんなの嫌だ
ヒソ ヒソ
でも断れるんでしょ？
それがあまり断る人いないらしいよ
えーー!?
私の知っている世話係の女性もみんな20代で30~40代の男性と結婚していた
20代
40代再婚
40代子持ち
20代
20代
40代
村の調整役から打診され一応強制ではないようだが
ウェディングドレスも共有の物がたくさんある
何あのドレス あんなのしかないの？
ヒソ ヒソ
相手見た？ めっちゃおじさんじゃん
男性側の再婚率高すぎない？
村で行われる披露宴に出席するたび女の子たちで品定めしていた
えっ良いじゃん おじさん。私 年上好きだから 全然ありだよ
え〜〜!!
ありえなーーい!!
そういう嗜好の子もまれにいたが、基本みんな村の調整結婚には批判的だった
とくに私は「村ではそれが当然」みたいな無言の圧力が大嫌いで
私結婚しない！
男子苦手だし
どうせ子供も産まないし 知らないおじさんと夫婦に なる意味が分からない
村人の思い通りには絶対ならない！
早々に宣言していた

だからまぁ
恋愛は禁止されなくても
私には関係のないことで…
で!!
一番辛かったのが
③!! 読書!!
バンッ
怖いよ
ビクッ
中等部にも村人セレクトの図書室は
あったもののあっという間に
読み終えてしまい…
図書室
う〜〜
新しい本が読みたい!!
悶々
村の子は学校の図書室は禁止
借りるのも手続きがいる…
でもバレなきゃ良いのよ!!
バカ正直に世話係さんに聞いたら
ひどい目にあったし…
と、こっそり昼休みに図書室へ
入り浸っていた
ほう
高田は本好き
なんやな
担任の山口先生
(国語教師・図書室責任者)
思い切って先生に直訴
村では禁止されているけどもっと本が読みたいです
でも図書室で読んでいるところを村の子に見つかったら告げ口されるかもしれなくて
高田は読むの速いしなー
よっしゃ!! 特別に許可したる。高田に限り図書室の本持ち出し自由や 必ず戻しとけよ
おすみつき
担任
ポンッ
やったぁー

こうして毎日図書室へ通い
本を持ち出しては休み時間や
授業中にも読みまくり
えー 次の段落…
今は何 読んどるん?
パール・S・バック 「大地」です
…大作やな 後で職員室おいで
これ「ワイルド・スワン」って本なんだけど 「大地」読むなら これも読んどき
先生の貸したる
はい
お咎《とが》めなし
中等部にも持ち帰り
労働時間中
作業更衣室の 掃除をさっさと終わらせて 小窓の明かりで読む 星新一
個別ミーティング中
幼年部の物置き部屋で 布団をかぶって読む スティーヴン・キング
ドキ
ドキ
こうしてこっそり 私の読書生活は 続いたのです
山口先生
ありがとう ございました
禁止されてても やりたいことが 人それぞれ違うのがおもしろいよね
私は「読書」だった 今でも本を読むのは 大好き
禁止されてる からやりたく なるってことも あるかもね
村では悪影響と 考えてたみたいだけど 私には本は必要 だったよ

村の子のおしゃれ
初等部は男子丸刈り 女子ショートカット だったけど
中等部からは髪を伸ばす こともできて嬉しかった
村の中に散髪室があって 世話係へ希望を出せば予約ができる
労働時間を少し 削れるのでこまめに 希望書を提出
ニヤリ…
散髪をしてくれるのは元美容師の村人や その技術を教わっている大学部生
どうしたい？
伸ばしたいから毛先は 揃えて前髪を…
少しでも他の子と違う髪型にして 差をつけたかったが思いつかず 結局いつも同じような髪型だった
きっともっと私に ぴったりの特別な ヘアスタイルがあると 思うんだけどー
劇的に大変身 しちゃうみたいなー
不満顔
でも初等部の時とは違って希望も聞いて もらえるし、そんなに不満はなかった
村では基本、身だしなみ以上のおしゃれは 禁止で、ヘアスプレーやワックスなどの 整髪料は一切なく
次貸して ・・・ ニベア
ほい
唯一男子が近くに来る 夕食前のお風呂上がりには ワックス代わりにニベアをつけていた
ニキビができたら クレアラシルの代わりに 歯磨き粉
早く治るという 噂だった
デンタルペースト
学校で一般の子が使っているような 本物のヘアスプレーが欲しかった
かわいく結ってもらったから 固めよー
シューッ
へー
そんな便利な物が あるんだねぇ!!
？ かやちゃんは何で 固めとるん？
ニベア
えっ…!?

その頃 女子の間では
前髪をまばらに出して浮かせるのが
流行っていて
今日は
決まったぜ!!
毎朝ドライヤーで浮かせてから登校した
でもお昼前には 前髪はぺっちゃんこ
あの固める
スプレーさえ
あれば…
セットが決まらない日も多く
そんな日は1日中 気分が冴えない
朝シャワー使えたら
髪のセットしやすいのに…
中学生ともなると
おしゃれもしたい
訳ですよ
女の子は小さな頃から
おめかしが好きだし
村で大人数で暮らして
いるとお互い比べ合うし
ぬり
ぬり
みんな
できる範囲で
精一杯おしゃれを
競いあってたよ
!?
そうなんだー
…って
かやちゃん!?
とはいっても世話係からもらえるのは
地味なヘアピンやヘアゴムばかりだったが
ヘアバンドに
ピンでアレンジ
ピンとゴムで
アレンジ
工夫しながら毎日違うヘアアレンジに
挑戦していた
イイネ!
どうかな
中等部にはいろんな女の子がいて
今日は
どうする?
ヘアセットの
上手な子や
アップにしてー
根元に三つ編み
巻いてー…
私も
お願ーい

顔剃りやって欲しい人ー
理容師志望で剃刀を器用に使える子
はいっ
はーい
みんなやってるし特に疑問を抱くこともなく顔剃りと眉毛の整えをしてもらっていた
剃るよー
ソーリソーリ
お願いしまーす
そんなある日、※親元ミーティングのため両親の暮らす村へ行き部屋で親の帰りを待っていたら
ガラッ
お、かや帰ってたのか
あっお父さん
ただいまー
スーーーパタン
父無言で去る
？
忘れ物かな？
後で聞いたが
母ちゃん大変!!
かやの眉毛に剃り込みが入ってる!!
ええ!?
かなり動揺していたらしい
おしゃれのつもりでやっていた眉剃りも父から見ると不良に見えたらしく
前回
お父さん!!
今回
おう おやじ!!
くらいの差があったようだ…
頻繁に剃ってもらっていたからどんどん眉が細くはなっていたんだけどね
異性にモテたいというより女の子同士で誉めあったりかわいさを探求する自己満足のためのおしゃれだった
ふきふき
クレンジング
ほっ…
程々が一番だよ

※離れて暮らす親と過ごす日のこと

修学旅行で東京へ!!
中学3年の春
学校の修学旅行があった
行き先は東京
キャー やったー!!
東京だー 嬉しー!!
キャー
キャー
女子大騒ぎ
東京ねぇ…?
村からのお小遣い1万円
マジで!?
まぁ普通?
一般の子はもっと持ってくるよ
むしろ少ない
ゴクリ
…
私の心中大騒ぎ
生まれた時からお金が近くにない
生活をした結果
お金は滅多に触れないすごい物!!
お金様…
通貨としてではなく
お金自体に憧れを持つという
変な成長をしてしまい
ドキドキ
修学旅行のお小遣いを渡された時
思ったことは…
全部使い切らずお金として残しておこう!!
Let's悪巧み!!
さて修学旅行
東京ドームで
野球観戦しながら
お弁当を
食べたり
まずっ
この配られたお茶ビニールの味がする
容器のにおいじゃない?
ぶっ
竹下通りでクレープ食べたり
うまっ

初めてマクドナルドのハンバーガーを食べたり
食べづらい…
汁が…
オロ オロ
初めてシェイク飲んだり
これ吸っても出てこない…
特に東京に思い入れがなかった私は
ズビーって吸うんだよ
ズビー
あっ出てきたおいしい
ズビー
食べる物も行く場所も同じ班の子にお任せ
新宿
ここが有名なレコード屋さん
雑誌に載ってたー
原宿
こんな所で売ってる洋服着たいよねー
高くて買えないけどねー
初めて見る物ばかりで楽しかったが集合場所の東京ドームに戻った時
1日中ここで遊べた方が楽しかったかも…
と隣りの遊園地を見て思った
疲れた…
自分へのお土産も買った
ミニカップラーメン詰め合わせ
高いかな？でもこれは欲しい…
くぎづけ
真剣
隠しておいて大事に食べた
ズズーッ
買って正解!!

私の宝物
修学旅行のお小遣いを節約し
現金を手元に残すことに成功!!
（1000円札2枚と小銭）
ドキドキ
個人の引出しへ隠した
たまにこっそり取り出してみては
ニヤニヤしていたが
ふふふふふふふふふふふふ
あぶない女
あるある
中等部でもたまに
個人の引出しのチェックがあり
お金など見つかろうものなら即没収
ひどい時は個別ミーティング
あっ
ない!!
良かった、コインは
没収されたけど
お札2枚は無事だ
こうして
本物のお金は
私の宝物になった
別々にしておいて
良かったー
中等部では
チラシいっぱい
もらって来たよー
わー
あれやろう
チラシやカタログを見ながら
みんなでどれが欲しいか
言い合う遊びをよくした
じゃあこの中で
ひとつだけ
買うとしたら?
せーので
指差そう
うーん
私決めた!
待って
待って
お金を実際に使わなくても
想像で物を選ぶだけで
充分楽しかった
いっせーのーせっ!
これっ
キャー
キャー
ビッ
ビッ
ビッ

現金を隠し持ってからは
想像にも深みが出て
今あるお金で買うとしたらどの組合わせが一番お得だろう…
私の好みと…
量・日持ち・コスパ…
パラ
より充実した想像買物ライフを楽しんだ
だが学校で
かやちゃん これお誕生日プレゼントー
えっ私に？ ありがとう 良いの？
仲良しの一般の子からプレゼントをもらってしまい…
わぁかわいー
嬉しー！
ほんまー？
良かったぁ ほら私とおそろなんやにー
文房具セット
新品をもらったら新品を返さなくては
大事にするねー
一般から来てる村の子が親元へ帰る時に頼んで
千円でプレゼント見繕って来て!!
任せて
あやちゃん
宝物のお金は減ってしまったがその子の誕生日にお返しすることができた
ありがとー!!
いやーんこれめっちゃかわいいやん!!
ここらじゃこんなん売ってへんよー
いえいえ
あやちゃんグッジョブ!!
グッ
お金を持つのは自分のため
お金を使うのは人のため
それで満足だった
お金で生まれる心の余裕✧
良かった良かった

修学旅行①

班の子が洋服屋さんに入ったのでついて行った
こんなの良いよねー
お小遣いで手が出せるような金額でもなく洋服なんて自分で買ったこともないのでただ店内を眺めていた
あっあのお姉さん、スカート選んでる
その人はスカートを買おうかどうしようかしばらく悩んでいて
うわあのスカートめちゃくちゃ似合ってる!!
ぜひ着てほしい!!
似合うと言いたくてその人の側をウロウロしているうちに結局その人は何も買わず出て行った
ええー買わないの!?
もっと似合う服が他にあるってこと!?
一般には自分には分からないことがたくさんあるんだなぁと思った

修学旅行②

デパートの中にさまざまな形の香水瓶を集めた一角があった
どうぞー
1個からでも買えますよー
うわー
それはもうキラキラしていて夢の世界にいるようで
600円…これなら買える
600
思わずひとつだけ小さな香水瓶を買った
村に帰ってさっそく使おうと思ったが香水なんてある訳なく
バニラエッセンスで良いや良いにおいだもん
ぬりぬり
仕方なくこっそりバニラエッセンスを移し替えて使うことにした
ただ加減が分からずたくさんつけてしまい
なんか甘い香りしねぇ?
においで気持ち悪くなってしまった
?
クンクン
うっぷ

バタバタ高等部ライフ

高等部へ
さぁいよいよ高等部
中等部入試と同じように高等部も入部試験があって学力がないと入れないから必死で勉強したよ
そして無事合格!!
かやちゃんは高等部に入りたかったんだ？
村で生まれて両親が村人で自分もこのまま村にいるだろうと思っていたので
特に疑問や野望を持つこともなく
中等部の次は高等部でしょ？
くらいに考えていた
でも村ではそんな曖昧な態度だと認めてはもらえず
私が成長するため是非高等部に入りたいのです!!
みんなと一緒にやらせてください!!
キラ
キラ
そういったアピールや姿勢を見せて「自分が望んで」入部することが理想とされた
みんな心得たもんでちゃんと要所要所でやる気アピールしてたよ
いや、本当にやる気のあった子もいたと思うけど
村の理想って本当分かりやすいよね…
高等部からは一般の学校へは行けなくなるため、子供を高校へ通わせたい一般の親はこの段階で子供を引き取る
私留学するのー
高等部がんばってねー 会いに来るよー
手紙書いてねー
またねー

高等部の1日
6時〜10時 午前の労働
やる作業は多岐に渡り とても説明しきれないけど
主に農業!! あとは衣・食・住の生活に関わること全般。男子と女子で担当がはっきり分かれてるの
それぞれ世話係さんの指示で振り分けされた作業場へ行きます
カリキュラムなので対価はないよ!
10時半〜ミーティング・昼食・昼寝
毎食後ロビーで甘い物も食べられる
さっきロビーのぞいたらプリンがあったよ
うそっ 早く行かなきゃ
午後1時〜5時 午後の労働
たとえば加工場で玉ネギの皮むき4時間
北海道の村から届いている玉ネギを販売用のコロッケやハンバーグの材料にするための下拵《ごしら》え
しみるぜ!
5時半 お風呂
初等部や中等部と違って
高等部は宿舎内にお風呂があるから外に出なくて良くて楽だね
風呂
ドアToドア
個人の洋服をしまう部屋
玉ネギのにおい落ちないったら
いや私なんてトマト部だから色が落ちなくて
プーン
私だって…
悩みは人それぞれ

6時半 夕食
高等部になり食事テーブルが男女別になった
女子テーブル最高!!
ガツ
ガツ
7時 自由時間
ロビーで新聞を読みつつ菓子パンを食べる
日経・朝日・読売の3紙が揃う
やれやれ…
ふっまたニッシンの株が上がったか…
なんとなくチェックしている→
8時 夜のミーティング
1日を振り返ったり誰かの日記が読まれて感想を出し合ったり
9時~
日によって合唱練習をしたり字の練習をしたり生け花講習をしたりお菓子作り講習をしたり
あ~♪
あ~
あいうえお かきくけこ さしすせそ たちつてと なにぬねの はひふへほ まみむめも
習い事みたいだね
全員強制で選べる訳ではないけどね
10時~12時 日記・就寝
書くことないよー
良いじゃん適当に書いておけば
げっもうこんな時間!? 明日の畑遠いから5時起きなのに
うーん
2人1組で寝る
同じ職場の子同士同学年8人部屋
みんな疲れているので寝付きが良い

労働あれこれ
高等部は学校へ行かないから1日の大半が労働時間なの
農作業が多いんでしょ
労働法…
うん、野菜の生産・加工から畜産関連まで様々なことをしてたよ労働の仕方は学年によって変わるの
1年生の時はいろんな労働を上級生に教わりながら日替りで
野菜出荷とか掃除・洗濯・調理あちこち回って合う部署を探す感じ
2年生になると各自担当の部署が決められて、毎日同じ職場へ行く
私食堂部
私農産加工部
私畑部
職場は担当ごとに○○部と呼ぶ
3年生はそれぞれの部のまとめ役ある程度責任を持たされ、作業に来た1年生の指導も任される
3年生への指導は誰がやるの?
大学部の人たち
大学部生はみんなのリーダーみたいな感じでなんでも大学部生に聞きながらやってた
本当にいろんな作業をしたよ
覚えてる女子部担当の野菜だけでもこれだけあるし
トマト
キュウリ
オクラ
セロリ
ミニトマト
ピーマン
ナス
モヤシ
長ネギ
シシトウ
ブロッコリー
ニラ
多いね!!

その日の労働は宿舎のホワイトボードで確認
オクラ収穫
ミニトマト収穫
トマト葉かき
食事作り
風呂掃除
女子部
男子部
キュウリ収穫
各自の名前が書かれたマグネットが世話係によって配置される
オクラだ
オクラだ
オクラ…
この指示ボードでその時の畑の状況が大体分かるの
急ぎの作業がある部があれば別の部の人が助っ人で入ったりするんだよ
ほう
たとえば翌日の天気予報が大雨なら
雨のあとはミニトマトの実が割れやすいので今日中にできるだけ収穫したいです!!
じゃあ大勢配置して一気に収穫しましょう
ミニトマト部責任者
世話係
こんな感じで優先されあちこちの部から助っ人がやって来て
今日の基準はこの色ーいつもより色薄いから注意してー
はーい
はーい
1年
加工部
ランドリー部
食堂部
担当者から見本や収穫方法をレクチャーしてもらいとりかかる
収穫されたミニトマトは出荷場へ運ばれ出荷部の子たちが選別・計量・パック詰めして
村の商品となる
村のミニトマト
よくミニトマト収穫しながらつまみ喰いもしてたよ
寒い日に外に出しておいたミニトマトが凍ったやつは甘さが凝縮して、それはもう絶品で…
割れトマトの氷漬け☆
へーおいしそう…
ってあいかわらず盗み喰い!!

村の子草子
春はあけぼの
朝もやの中で朝日に照らされた
ブロッコリー畑は幻想的でステキだが
高確率で虫がいる
うっ
虫だらけの中に今
立っているのだなぁ
と想像して
足がすくむ
…
…
今でもお店で野菜
買う時怖いくらい
真剣にチェックしてる
よね
いないように見えて
結構いるのよこれが
あの畑を見た私には
「無農薬で虫のついている野菜」より
「農薬使ってでも虫のついていない野菜」
のほうがありがたく思える
ジーーッ
夏はナス・キュウリ・オクラ
人呼んで3大かぶれ野菜
私キュウリ
ダメだわ
収穫でかぶれた
私
ナスがダメー
支柱立てでかぶれた
人によってかぶれる野菜が違うので
かぶれる野菜の作業にならないよう
極力配慮してもらえるが
一番かぶれる人の多かったオクラが
なぜか平気だった私はよくオクラ収穫に
配置された
このオクラ収穫は
とても不人気で
またオクラか…
げっ
私オクラだ
うわっ私も！
最悪ーー

まずオクラが収穫される季節
真夏
カッ
暑いから半袖になりたいが肌を出すとかゆくなるので長袖を着用
あっつ〜〜…
オクラはとても高く成長するため常に上を向いての作業になる
日射しで顔が焼け汗だらけの肌にチクチクした葉があたる
よっと
そしてたまに虫がいる
オクラにつく虫は小さな芋虫でオクラに小さな穴をあけ入り込んで食べる
オクラ部の上級生↓
虫見つけたら絶対殺してね!!
生かしておいたらどんどん増えるよ!!
必殺!!
虫は嫌だけど増えるのはもっと嫌…
はーい…
はーい…
頑丈な虫の殺し方
・踏みつける
・ハサミで真っ二つ
切っても再生しちゃうぞ!
・ハサミでVの字に切れ目を入れる
チョッキン
へぇそうなんだ!
雨が降ると地獄
ただでさえ暑いのに上下厚くて重い合羽で蒸れ蒸れ
上を向いて収穫するので顔はズブ濡れ足元はドロドロ合羽の中ももうグチャグチャ
チクチクヌルヌルベタベタドロドロ暑いかゆい重いかゆい
ザー
ギャハハ
あっはっはっ
あまりの惨状にみんなだんだん変になってきて最後のほうはもうヤケクソ
いやーオクラ収穫楽しいなー!
ザー
グッチャ
グッチャ

「よくみんなで世の中に真夏の雨の日のオクラ収穫より大変な仕事ってあるだろうか?」って話してたけど
たとえて言うならサウナの中で毛虫にまみれながら4時間バンザイ?
今の所あれを超える労働はしたことないね
アハハハハ…
かゆみって我慢するの大変だよね
顔が笑えてないよ
オクラの花は南国風でとてもかわいかった
村ではヘチマ水収穫も女子の仕事
秋は夕暮れ
夕日のさすあぜ道に
彼岸花が三つ四つ
咲く頃
ヘチマの根元を切りポリタンクへ茎を入れ固定しておくとヘチマ水がたまる
彼岸花が咲いている間が一番ヘチマ水が出るって言われてたの
不思議じゃない?
彼岸花って大雨の後咲いたりするよね
つまり?
ヘチマ水は化粧水に
村のお風呂にはこの2本とニベアが常備されている
村のヘチマ化粧水
村のヘチマ乳液
実は乾燥させてヘチマタワシに
これも村のお風呂に常備
おっこれは太い!
男子部のお風呂から集めたヘチマタワシを洗濯する前に、絡まった毛を1本1本抜くのも女子の仕事
こういうチマチマした作業は好きだった
縮れた短い毛が大量に絡まってるの!?
えっとその毛って多分・・・いやなんでもない

冬は早朝
水の冷たさはもう言葉にならない
村の野菜出荷場はコンクリート打ちっぱなしの風通しの良い建物で
真冬に濡れた葉物野菜の選別をしていると手が凍え動かなくなってくる
足の下に発泡スチロールを敷いてもしんしんと冷気が這い上がり
ズビ
我慢できなくなると出荷場の隅にひとつだけある給湯器のお湯で手を温める
シュボボボボボ
うわーあったかーい
生き返るー
ズビッ
凍えて動かない手で作業するよりも温めて人間らしさを取り戻した手で作業したほうが効率が上がる
と自分に言い聞かせながらひんぱんに温めに行っていた
私もお湯ー
わら
わら
カチンコチン
もうダメー
ふーっ
いてて
大根洗いも冬の風物詩
漬物用の大根を干す前にタワシで水洗い
野菜はお湯で洗えないので大変
ゴシ
ゴシ
ズビッ
お店に並んだきれいな野菜も誰かが洗ってくれてるんだよね
実際に自分でやってみると分かる大変さとかありがたみってあるよね
ズビ

花形労働 鶏解体
労働の中でも人気だったのが鶏の解体
へー意外だね 女の子なのに 鶏捌《さば》くの怖くないんだ
うん
包丁を扱う専門職だし 技術が日を追って上達する 仕事だから楽しかったみたい
やりたがる子が後を絶たず 鶏解体担当メンバーは羨望の的
特に興味なし↓
ある日
あかや 話があるから おいで
世話係に呼び出され
えっ私が 鶏解体へ!?
希望者が多い人気職… 特に立候補してない 私がなぜっ
特別扱い…?
あなたね
はい
マイペースで夢見がち でしょう? もう少し 現実を見られるように なった方が良いと思うわ
私がマイペースなのは その通りだし 夢見がち なのは読んだ本に影響 されるからでそれも認めよう
だがそれが 大人の考えに 沿わないからと 無理矢理矯正 してやろうとする 考え方が気にいらん
嫌です 他の子にして ください
あなたの意見は 聞いてないの これは決定事項 だから
なんだと!? こうなったら意地でも 現実なんて見るもんか
じゃあ鶏解体には行きますが その間絶対に鶏肉を 食べませんが良いですか!
宣戦布告
はいはい じゃあ分かったわね 明日からよ
受け流し

こうしてみんなに羨ましがられながら嫌々スタートした鶏解体
私の役目は捌かれた肉が流れて来たらコンテナに並べていくことと
大まかに解体された鶏の首肉とせせりを取ること
村で言うせせりは「骨の周りに残った細かい肉」一般で言うせせりは「首肉」を指すことが多い
そり そり そり
村は首肉は「首肉」として製品にしていた
鶏は頭と内臓を取ってから流れてくるのだが、たまに頭のついたままのものもあり
見つけたら首を手で外さなくてはいけない
初めは引いたが
無理無理
何度もやっているうちに慣れて
キュルキュル（ねじる）
スポン（引っこ抜く）
ポイッ
平気になった
そしてその間、宣言通り鶏肉は食べなかった
フイッ
唐あげ
が、メイン料理が鶏肉だと食べられる物はご飯と野菜だけで
・・・
ゴクリ
チキンソテー
だんだん我慢できなくなって来て
あれ？なんで私鶏食べないって決めたんだっけ
チキンカツ

現実なんて見るもんか!
鶏解体は…鶏さんかわいそう ←
(私が思う非現実的な考え方)
鶏肉食べない=現実を見ない ←
そっか鶏がかわいそうだからか
鶏料理に決意が揺れ出したので初心を思い出すため朝早く職場へ行き絞める寸前の鶏たちを見て心を落ちつけることに…
かわいそうにあんたたちもう少しで死ぬんだよ
人間が食べるために殺されるんだよー
コー コー コー コー コー
・・・
人間は酷いねぇ
コー コー コー コー コー コー
しかし殺される鶏を見たというのにあいかわらず鶏料理はおいしそうで
・・・
ゴクリ
ぐーぐー
照り焼き丼
結局食べてしまった
鶏を食べなくてもお腹一杯にはなるのに
鶏を解体して食べるなんて残酷だかわいそうって思い込もうとしたけど私には無理なことだったか…
ガツ ガツ
考えてみたら私昔から食べる対象をかわいそうって思ったことないわ
同じ鶏でも生きてる鶏と肉になった鶏とでは感じ方がまた違ってくるよね
「いただきます」としか…
ある意味現実的?
ジュー
パチパチ
世話係の思惑通りになったかは不明だが鶏処理場へ行く砂利道で座骨神経痛になってしまい
はいお尻の力抜いてー
~~~!!
あー骨だね
私の鶏解体生活は終わった
~~~

親元ミーティング
初等部の頃は親と離れるたび泣いていた私も
高等部くらいになると
ドッヒャヒャヒャ
ウハハハ
ゲラゲラ
キャー
キャー
ヒィヒィ
箸が転んでもおかしい年頃
同年代の子と一緒にふざけあっているのが楽しくてたまらない
ひーお腹痛い…
お風呂も寝るのも一緒だからお互いに詳しくなって笑いも深くなるんだよね
お互いが丸裸だから生まれる笑いって言うかね
この楽しさはちょっと普通の学校じゃ味わえないよね
村はどうかと思うけどもし子供ができたら高校は寮とかに入れてあげたいかも
分かるー反抗期もないしね
何にでも反発したくなる年頃に親が側にいるから反抗するんであって
私たち親と離れてるから会える日はすごく楽しみだよね
うん…
高校生で親と会うの喜ぶなんて村の子ぐらいなんじゃない？
言えてるー普通反抗期だよねー
「親と子お互いのためにもこの時期離れることの有効性」について語り合っていた

（※高等部では4ヶ月毎に各2~3泊くらい）

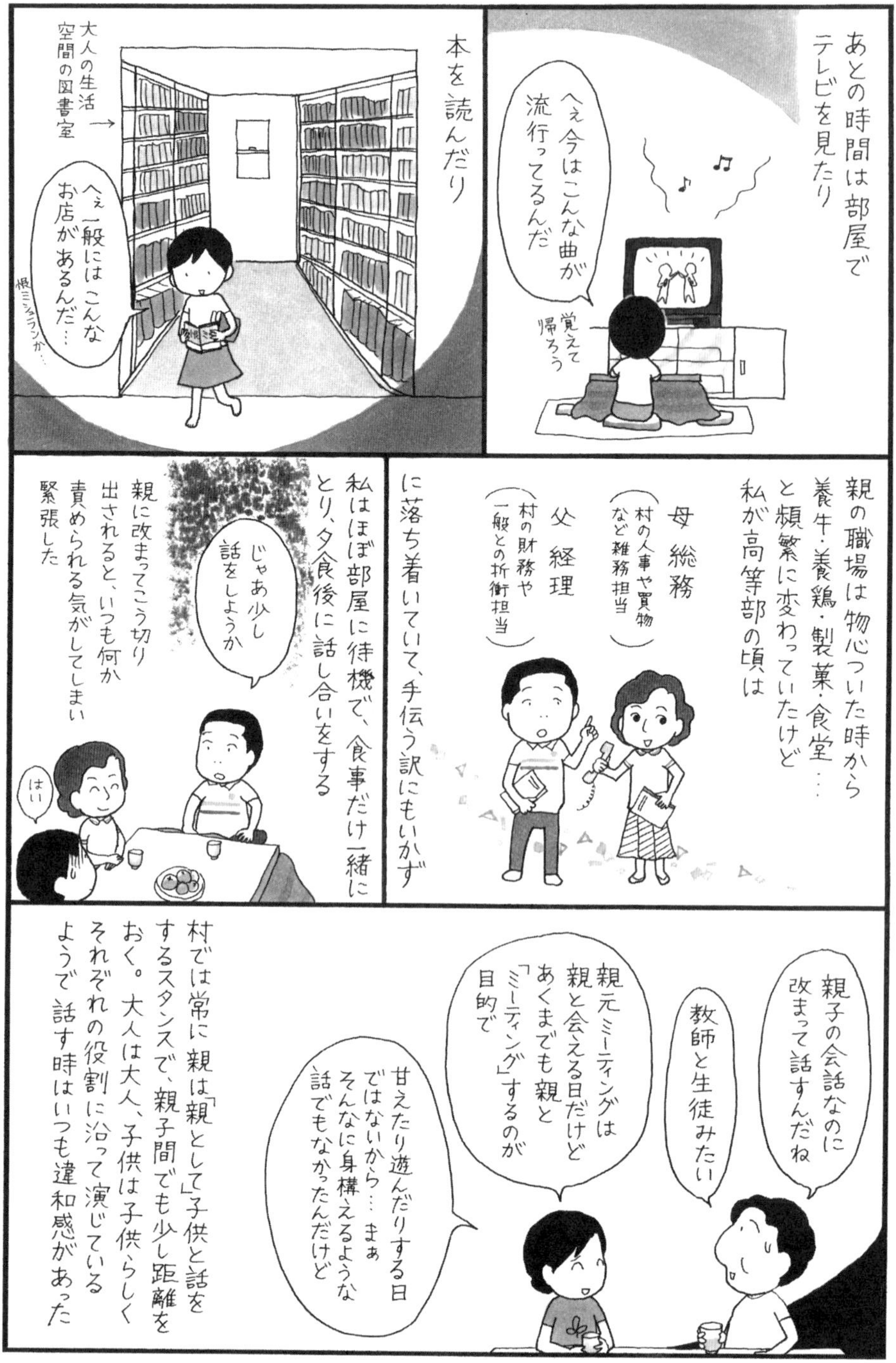
あとの時間は部屋でテレビを見たり
へぇ今はこんな曲が流行ってるんだ
覚えて帰ろう
本を読んだり
大人の生活空間の図書室 →
へぇ一般にはこんなお店があるんだ…
根ミシュランか…
親の職場は物心ついた時から養牛・養鶏・製菓・食堂…と頻繁に変わっていたけど私が高等部の頃は
母 総務
（村の人事や買物など雑務担当）
父 経理
（村の財務や一般との折衝担当）
に落ち着いていて、手伝う訳にもいかず
私はほぼ部屋に待機で、食事だけ一緒にとり、夕食後に話し合いをする
じゃあ少し話をしようか
はい
親に改まってこう切り出されると、いつも何か責められる気がしてしまい緊張した
親子の会話なのに改まって話すんだね
教師と生徒みたい
親元ミーティングは親と会える日だけどあくまでも親と「ミーティング」するのが目的で
甘えたり遊んだりする日ではないから… まぁそんなに身構えるような話でもなかったんだけど
村では常に親は「親として」子供と話をするスタンスで、親子間でも少し距離をおく。大人は大人、子供は子供らしくそれぞれの役割に沿って演じているようで話す時はいつも違和感があった

村は「お金のいらない社会」を目指していたので、村内でお金のやりとりはなく働いても給料はないが
部屋の電球切れたから新しいの持って行きましょう
あとは蚊取り線香と…
日常的な消耗品は「村のお店」と呼ばれる部屋に全て置いてあり必要なら勝手に持って行って良い
親と一緒なら子供も入れる
無料の無人販売みたいなシステムだね
うん洋服のお店もあって着たい服があればそこから持って行って良いの
世話係に全てを管理されている子供の生活とは違い、大人の生活はけっこう自由に見えた
消耗品の在庫や村のお店にない村人の希望品は総務がまとめて一般に買いに行く
お供
ふぅ 後は…バスタオル5枚と…
一般の物を購入したり村の物を販売する時だけお金のやりとりが発生するんだろうなと思っていたのだが
あら高等部には親の村から学費を払ってるのよ
子供ひとりにつき月8万円私立の学校並みの金額
えっ!?
えっつまり親(のいる村)が高等部(のある本部)にお金を払ってるの?人数分?
フランチャイズ!?
意味分かんねぇ!!
そうなの!!なんで村同士でお金のやりとりがあるんだろうって不思議で不思議で…
4人いたら32万!!
子供だったしそれ以上のことは聞けなかったけど…
そっかぁ 高等部に行くのって私立の学校に通ってるくらいすごいことなんだ
私って実はお嬢様!?
毎月8万円も払う価値のある私!!
内心少し嬉しかった

ヒミツの特別講習ミーティング
特別講習ミーティング（略して『特《とっ》講《こう》』）とは、村が一般の大人向けに主催している合宿のこと
期間は1週間
村の子は村の子だけで高等部1年生の時に全員で参加するの
一般向けなのに村の子も受けるんだ？
一応村人になるにはこの特講を受けないといけないのだが、村で育った子供は受けるタイミングがないので高等部のカリキュラムとして組み込まれていて
そろそろかやたちも特講だね
うんドキドキー
上級生
何の疑問もなく受け入れていた
特講は一生に一度しか受けられなくてその内容はまだ受けてない人には口外したらいけないって言われるの
上級生の子たちも「行けば分かるよ」ってどんなことするか教えてくれなかった
なんか怪しくない？
実際受けた一般の大人たちはカルチャーショックを受けるようだが
今まで大勢の他人と朝から晩まで一緒に過ごしたり思ったことを全て話し合う機会なんてないでしょう？
まぁね
村の子は普段からしていることなので特別感もなく、一種の通過儀礼くらいに考えていた
でも洗脳だって言う人もいるらしいよ
洗脳!?
ヒソヒソ
一般の人とかミーティング中に泣きだすって聞いたことある
何それ…ちょっと怖いね…

内容が隠されているので
いろんな噂があったけど
まぁ戻って来た上級生に異変もないし
みんなと一緒だし大丈夫だろう
怖さもあったが好奇心の方が強かった
で、どうだったの？どんなことするの？
大丈夫だった!?
やっぱりほとんどミーティングだったよ
全然!!
進行役の村人が3人いて代わりばんこに進行してその人たちを中心に話が進むの
畳敷きの大広間にぐるりと車座になり
進行役の出すその日のテーマに沿って各自思ったことを言っていく
常に穏やかな雰囲気だった
だからさー
あー
おもしろいなそれ
それ私も思ったんだけどー
どんなテーマが出されるの？
「んーよく覚えてないけどなぜ腹が立つんだろう？」とか
「物と人との違いってなんだろう？」とか
禅問答とか頭の体操みたいな感じーー
いつものミーティングと違うのは普段は長くても2時間程で終わるのに昼食を挟んで1日中続くことや日によってテーマが変わることくらい
労働ないのが楽やね
寝る前のレポートや2人1組の布団で寝るのは普段通りだけどね
そんな和気あいあいとしたミーティングが続いたある日
ピリッ
今日は何か大人の雰囲気が違うな…
車座になった子供たちの輪の真ん中に進行役3人が座った

こうして始まったその日のミーティング
開口一番
このままここに残れますか
そう言ったきり黙り込む進行役
いつもニコニコしてる優しい進行役のおじさんがニコリともしないで黙っているので動揺する子供たち
ザワ…
えっ何どういう意味？
今日のテーマ？
「ここ」ってどこ？
ヒソ
ヒソ
ヒソ
他の大人も黙っている
数名が「どういう意味か」「何を聞かれているか分からない」と発言するも
ここに
残れますか
質問には一切答えずそのひとことを繰り返すだけの進行役
ついにみんな黙り込んでしまった
シーーーン
ここに残れるか？「ここ」って「この村に」ってこと？
特講会場は本部から車で1時間程離れた村だった
ここに残れますか！
どんな答えを求めてるの…？
沈黙のまま長い時間が経過し、段々硬直状態にみんなが疲れてきた時――
あのー 私考えてたんだけど… その質問がこの会場に残れるかってことなら私 残れる…かも
ザワ…
そう発言する子が現れた

その発言に進行役が初めて反応した
うた子。本当に残れますか
あっ…はい、残れます
おっ動いた!!
・・・
ここに残れますか
反応終了
ザワ…
え?
ひとりが残れると言ったことでみんなも自分はどうだろうと考え始め
残れます
私も残れます
残れると言う子がどんどん出てきた
本当にここで残ってやれますか
はい
残る!?
ここに?
正直「なんだこれは!?」とか「問いの意味を説明もしないで上辺の答えだけ求めるのか」と馬鹿バカしくなってきたのだが
ここに残れますか
と大声で聞かれるたび一方的に責められている気分になり
しょうがない残れるかどうか考えてみるか
渋々考え始める
チッ
うーん
まず残る…誰もいない宿舎でひとりきり…高等部へ戻りたいが車の免許は持ってないから歩くしかないか…

いや待てよ
食事はどうするんだ!?
特講会場は
特講終了後は無人に
なるから食事ができないなり!
みんなちゃんとそこまで考えたかな
歩いて戻るのに空腹は辛いぞ…
ええい仕方ない!!
食べ物は草なり木の実なり
どうにかしよう
ヒッチハイクすれば
なんとか高等部には
着くだろう
住所は
分かってる!
と、ここまでシミュレーションして
残れます!
ようやく宣言できた
かや、本当に
残れるのか?
残れます!!
若干喧嘩腰
不思議なことに宣言してみると
あれだけ耳障りだった問いかけも
全然怖くなくなって
ここに残れますか?
なんでだろう
答えたから安心したのかな
責められてると
思わなくなったな
ふう
ここに残れますか?
意味分かんない
言わせようと
してるだけじゃん!!
最後まで残れないと
言い張る子もいたが
そのままミーティングは終了
ヒッチハイクを思いつかないと
きついかもな… 歩きは
あー
残れるわ
私!!
えーん
なんなの今のミーティング
何がしたいの
えーん
確かに。何が目的なのか
分かりづらかったな
ひとりでも生き抜く力…?
トイレ行こ

大人になって父と話していた時
そう言えば「残れますか？」ってどんな意味だったんだろう？
私ヒッチハイクで高等部に戻ろうと思ってたんだけど
ぶっ
ゴホッ
コーヒーふいた
あれは一般の大人向けの問いかけで、「一般社会ではなくこのままこの村にいられますか？」って意味で
別に「ここで裸になれますか？」でも「ここで死ねますか？」でも良いんだけど自分が絶対無理だと思っていることをなんで無理なんだろうと考えてみるミーティングだと思うんだけど
元々村にいる子に聞いても意味ないよね
違う質問にすれば良かったのにね
うそっ!!
真剣に考えたのに!!
ガーン
ヒッチハイクとか想像して残れるって答えたのはかやくらいだと思うよ
まさか進行役の人もかやがそんなこと考えてたなんて思いもしなかっただろうね
プルプル
くっ
そんなぁ…
特講のことって結構オープンに話せるんだね
親も含め村人は全員受けてるから共通の話題になるよ
村のイベントで貼り出された川柳の中にも「残れます」あいつはやっぱりサクラだろってのがあってみんな大ウケしてた
私残れると思う
最初のこのひとことで場の空気が変わったのは確かだがうた子ちゃんは決して仕込みではなく自分で考えて確かにそう思ったのだ
…と思う

天の邪鬼な立候補
各種ある高等部の労働の中でも実力者が集まるのは畑
なんせ一番キツイからねー
朝は早いし重労働
畑担当は真面目でやる気に満ちた子ばかりで構成されていた
2年生になると世話係が担当部署をそれぞれに割り振るが、その前にひとりずつ呼ばれてそれとなく希望を聞かれる
一応意思確認されて可能なら希望の部に入れるんだけど
全て希望通りに配置される訳ではなくってね
ふんふん
私は1年の終わりには労働場所が固定され、毎日農産加工場の漬物部へ行っていた
福神漬やキュウリの醤油漬を作るのが主な仕事
村のお漬物
ウリ漬
村のお漬物
福神漬
そろそろ私も希望聞かれるけど
もうここん所ずっと漬物部だし
かやーそれ入れたら次はね…
漬物部の先輩もすっかりその気で教えてくれてるし
付きっきりで伝授
ドッドッドッ
別に漬物作り嫌いじゃないしいやむしろ性に合ってるしみんなも「かやちゃんいかにも漬物部って感じー」とか言ってるし
自他共に認めるベスト職場
ただ一応希望聞いてその上でってスタンスなのに、その前に既成事実作ってなし崩しにそっちへ誘導するようなやり方はどうなの？
そうそう上手ー
ようやく世話係に呼ばれたのはほぼみんなの配置が決まった後
さて担当部署だけど
特に希望とかある？
来た来た

希望がある子は申告するが
「どこでも良い」と答える子が大半で
後は世話係にお任せなのだが
ずっと漬物部 行かされてて 今さら聞かれても…
希望聞くなんて 形だけで意味ないじゃん
むー
昔から人の思惑に乗るのが大嫌い
畑担当を希望します
えっ!
そうなの!?
畑に立候補する子はほとんど
いないため、希望者はほぼ間違いなく
畑担当になれる
畑担当にやる気がある真面目な
子が集まっているのも世話係が
そういう子を選んで配置してるからで
私は全く 逆の部を希望 したのです
漬物(2次産業) インドア
畑(1次産業) アウトドア
結果畑(オクラ部)に駆け込み入部
してやったり
フッ
えー!! かやちゃん畑!?
信じらんない 立候補したのー!?
どこでも良いとは 言ったけど漬物ぉ!?
えぇっ かやが来るんじゃ ないの!? またイチから 教えないといけないの…
多分本当は この子が畑だった
とほほ
漬物部
畑は遠いから早起きだし 体もキツイけど 習慣になれば意外と平気
畑は実力者しか 行けないって決まりもないし
まぁちょっと 空気悪いけど
なんでお前が畑担当 なんだの目
場違いなのは認める
畑担当＝実力者＝
選ばれた自分たち＝この学年を引っ張って
行くのは私たちだ!!という高揚感の中に
なぜか落ちこぼれが混ざっている
なんで畑希望したわけ!?
軽い気持ちで入部されても 困るんだけど!!
でも世話係の指示だから
面と向かっては何も言えない
ポヤーン
そんな雰囲気の中私のオクラ部生活は始まった

無意識①

村では常に大勢の子たちと一緒にいたので
デザートだ!!
何個ずつ!?
1人1個ある?
結婚する前まで一般の会社でも勤めていた
お客様からお菓子頂いたよー
わーいお茶にしよう
高田ちゃーん
配分は?
にーしーろー
小さいのは2個、大きいのは1個で1人3個ずつ!
はーい
高田ちゃんこれは何味ー?
満遍なく行き渡るようつい指示をしてしまうので
1人2個!! 5個余るから食べたい人は3個OK!!
社内で一番年下
はーい
はーい
いただきまーす
私3個ー
おやつ奉行と呼ばれていた

無意識②

今日は節分
豆まきしよう
福
せーのー
鬼はー内
福はー外!!
ばっ
えっいやいや違うでしょ
あれっそうか村では「鬼は内福は外」だったから
?
なにそれマゾの集団?
いや「みんな仲良し」だから鬼とも仲良くやろうぜみたいな?
では仕切り直して
鬼はー…外!!
ばっ
そうそう
外と内どっちが正しいか考えてるな
福はー…内!!
はいはい

村の子　人生に迷う

転機は突然に
自ら立候補して入った
オクラ部だったが
元々自分から率先して動く
タイプでもなく、オクラ部の責任者
(大学部女子)に言われたことを
ただこなすだけの日々
春だなぁ
ポヤー
村では自ら積極的に動くのが良いとされていたから畑担当の子はみんなバリバリ働いていて
畑仕事は嫌いじゃないけど体が重くて…
私はあきらかに浮いてた
まぁすごい後ろ向きな理由で希望した興味のない部だからね
そんなある日世話係に呼び出され
そのまま個別ミーティングに突入
最近どう?
少しひとりになって考えてみな
はぁ…
特に何があった訳でもないが
「世話係から見て今のあなたには
この時間が必要だと判断されたから
ひとりで考えなさい」という
定期的にくるノルマ的な個別ミーティング
こちらも慣れたもので
素直に従って話し合いしてればそのうち終わるし
さっさと終わらせよう
軽く考えていた
個別ミーティングの大まかな流れは
① 呼び出されお話
つねに 1対1
② ひとりで考える時間
シーーン…
Z
カクッ
③ 考えた事をまた世話係と話し
最後に1日の心境をレポートに
書き提出して寝る
④ 翌日そのレポートを
ベースに話が続く
かやが昨日思ったことについてだけど…

これが世話係が良いと思うまで続く
そう考えたのは なかなか良いと思うのよ
はい
私から見ても―
はい
今回は早く終わりそうな予感
素直に、でも あまり世話係を刺激しないように 自分の思っていることと、相手が何を 求めているかのバランスを探りつつ進める
そういえば
かやは将来 どこで生活したいと 思ってるの？
私は このまま 村にいようと 思っています
村の中の、私に向いている 部署で自分を生かせたら 良いなと思ってます
あらそう！ 今まで村で育って来たんだから それが良いわね
あなたも知ってる 上級生のとみ子 だけど
あの子高等部卒業して 一般に出たでしょう
種から育ててようやく稔った稲を 収穫しないようなものよね
やっぱりもったいないじゃない？ かやはちゃんと刈りとって 村で豊かにやっていけたら 良いわね
…ハイ
ひとりで考え中
とみ子ちゃんは やりたいことが あって一般に 出ただけで
私は別にやりたいこと ないし村で良いやって 思ってるだけなんだけど
モヤ
モヤ
稲って なんだよ
さて高等部2年生になると 自分の浴衣を縫うカリキュラムがあり ちょうど個別ミーティングをしていた タイミングで各自へ浴衣用の反物が 渡されていて
寝る前のレポート中
この分だと明日くらいには コベ終わりそう
私の反物どんな柄かなー
世話係が用意するので柄は選べない

翌日
すでに解放された後のことに思いを馳せていたのだが
ゆらり
かや あなた今日から親元ミーティング
すぐ用意しなさい
急展開!!
えっ
…えっ!? なんでですか!?
原因は昨夜のレポートだった
No. 2年
Date 5
今日1日考えて……と思った。
ただ、今現在の私の気持ちがこう
だけで、明日の朝は変わっているか
知れない。夜寝る前にも考えるし、
思いはどんどん変化する。今、私の考
えはこうだというだけだ。人も物事
も1面だけ見て全てが分かる訳で
はないから、私も何事も決めつけ
ないでやっていけたら良いなと思
話し合い中たまに感じる違和感を追求した結果、自分の考えが前日のレポートの先まで進んでいるせいだと気付き
常に考えているから考えが固定されないんだよね
村でよく言う「無固定前進」ってもしかしてこれじゃない!?
多分違う
やだ私何か分かっちゃったかも
自分では思っていることを書き出せて納得の出来だったのだが…
これが世話係の逆鱗に触れた
何なのこれ!?
ワナワナ
あんたは個別ミーティングやる意味を分かってるの!?
キシャー!!
もう面倒見切れないわ 親元に行って一度よく話し合っといで!!
なんでこんなに怒ってるの?
うーん 話し合って到達した考えが私の中で簡単に変わるのがマズかったのかなぁ
つまり個別ミーティング自体を否定したと思われた…?

当時の私にはなぜ世話係が怒っているのか全く理解できずただただ
親元ミーティング!?
ガーン
ショックだった
年に数回の「正式な」親元ミーティングと違って、世話係の判断で親元へ帰される子はかなりの問題児で
親の会社に子供がいるようなもんで
普段子供がいない村にひとり帰されるとすごく目立つんだよね
ふーん
まして私は自意識過剰!
あらどうしたのあの子
なんで親元ミーティングの日でもないのに子供がいるんだ
かやじゃない
目立つ!!
想像するだに恐ろしい!!
私そんなに悪いことした?
親に会って何て弁明したら良いんだろう
そこまで悪いことをした自覚がなく混乱した結果
とにかく親元に行ったらさっさと話つけて戻ってこよう
あれっかやちゃんどこ行くの?
えっ親元!? 戻って来るよね?
1泊分の着替えだけカバンへ詰めて
車が来るまでひとり別室で待機
うぅ〜
お父さんたちびっくりするだろうなー
何て話せば良いの〜
エック
エック

ハンスト決行!!
断固抗議
高等部へ戻せ!!
ひとりだけ変な時期に親の村へ帰されるのも嫌だったが、何より物心ついてからほとんど一緒にいない両親と無期限で真剣な話をしなくてはいけないことが恐ろしくて
怒られる…
いや悲しまれる…?
怖い…!!
どんな罰を受けるんだろう
考えた末、具合が悪くなればとりあえず話し合いは回避できるんじゃないかと絶食を思いつき
以前一般の子にもらったホワイトチョコレートを食べて腹拵え
Meiji
White Chocolate
迎えの車で移動中まず昼食を拒否
ここで昼食食べようか
いりません
村人
SA
親元に到着してからも
かやお昼も食べてないんだって?
食堂から持って来てあげたから食べな
いらない
食べたくない
夕食を拒否
そしてこのまま1週間のハンガーストライキに突入
昔から罰として食事抜きをされていたから食事をしないことで自らを罰して見せて後の罰を無意識に回避しようとしている気が…
思惑通り話し合いは後回しになったが空腹は辛くだるくてずっと横になっていた
ぐー
ぐー
あのね、絶食して一番辛いのは1、2日目でね
それを過ぎるとなんか落ち着いちゃうの
一度絶食してみると「あぁ案外人って食べなくてもすぐに死ぬ訳じゃないんだな」って分かるよ!
水は飲んでたよ!
もっ もっ

親は日中それぞれの労働場所へ
出かけているので私はその間
親の部屋でテレビを見て過ごしていた
オーレーオーレーオレオレ♪
チャチャッ
いろんな食べ物が映るが中でも
カフェオレのCMとハンバーグのCMが
やけにおいしそうに見えた
ゴクッ
うわぁ飲みたい
5日目、そろそろ限界なので
母が毎日運んでくれる食事に
手をつけようと思うも
かやご飯持って来ても食べないし
食べる気になったら言いなさい
もう持ってこないよ
手ブラ
・・・
ぐー…
やむなく断食続行
歩くのは部屋の近くのトイレへ
行く時くらいで
空腹にも慣れてもう何も感じない
もうお腹も鳴らない!!
うふふ体が軽ーい☆
フワフワと浮いてる感触
7日目、村人が出払った日中の宿舎を
ふらふら歩いていたら給湯室で
牛乳・粉コーヒー・砂糖を発見
カフェオーレ!!
カフェオレが作れるな…
ゴクリ
ズー…
ゴクン
筋力落ちてる
ブル ブル ブル ブル
カフェオレ最高!!
体中満ちあふれる砂糖のエナジー…
1杯のカフェオレで少し元気を取り戻す
これでもうしばらくは断食続けられるぞ!!
8日目、カフェオレで栄養補給してる
うちに元気が出て来て、お風呂に
行きたくなる
少しニオうかな…?
1週間入浴していない
クンクン

夜、久し振りに親に話しかける
お風呂に行って来て良い?
!!
お風呂入りたいならまず何か食べてからにしなさい
今持って来てあげるから
こうして断食終了
母が作って来てくれたおじやを食べる
お風呂へ行ったら見たことがないくらい痩せていてびっくり
うわー
骨が浮いてる!!
ラッキー!!
でもその後毎食食べていたらすぐ元通りに…
…
ーさて話をしようか
どうして食事しなかったの?高等部で何があったの?
ぱつん ぱつん
ちゃんと話をしよう
黙ってたら分からないよ
…
…
親と差し向かいで話すと萎縮してしまって思うように言葉が出ない
世話係から親へ成り行きが事細かに伝えられているだろうと思っていたのだが親は本当に理由を知らないようで
えっ本当に知らないの?
なんでいきなり親元に帰されたのか私も分からないよ
説明のしようもなく話し合いは進まず
村では子供のことは学部に一任されていて親は子供を気にせず自分の村で労働やミーティングに邁進できるが

学部とあまり密に連絡はとっていなくて
そう決まってるから
世話係さんに聞きなさい
親
面倒見切れないわ
親元で話しといで
世話係
双方に責任が感じられず子供は突き放されたような不安感を持つ
17歳、ただでさえ難しい年頃
だからつまり色にたとえると私は透明ですぐ染まるというか
自分の言葉で伝えようとしても
ちょっと何言ってるか分からないわ
ちゃんと分かる言葉で話して
真面目に聞いてるのよ!
同じ年頃の子には伝わるニュアンスも滅多に会わない大人には全く通じず
話し合いは停滞
言葉が通じない
?
?
?
思ってること話してるのに
一体何を聞かれているのか分からない
毎晩続く実のない話し合いにいい加減うんざりして
もうどうでも良い
ここにいる意味も生きてる意味も今分かんない
いっそのこと死んでも良い
と言ったら激高した父にボコボコにされて
ギャー
じゃあ死ねよ!!
ギャ
今すぐここから飛び下りろよ!!
痛い!!
ドオ
ゴス
飛び下りようかと思ったが2階だったので(ここから落ちた所で死ねないな)と冷静になってしまいやめる

さらば高等部
村人の部屋は壁が薄いので隣りの音は筒抜けで
ちょっとあんた大丈夫だった？すごかったね昨日
うんあちこち痣できたけどとりあえず生きてる
ヒリヒリ
たまたま隣りの部屋にいた高等部OG
隣りだから怒鳴り声も殴ってるのも丸聞こえでさぁ
うちの親なんて「高田さんすごいな、うちもあれくらい真剣にやらんといけんな！」とか言っちゃって
意味分かんないよねー
なんかスンマセン…
一体何がしたいのか分からず話をする気もなくなり、その後は話しかけられても生返事で流し日がな1日部屋に引きこもること1ヶ月
かや日中暇でしょ？
お父さんの仕事手伝ってくれない？
ずっと部屋にいるのも体に悪いし
人の少ない職場だから怖くないよ
久し振りに外へ出て父の職場へ
父の仕事は経理や一般との折衝
へーここがお父さんの職場か…
キョロキョロ
そこの担当者は父と村人の女性の2人だけで、私はその女性に教わりながらできることを少しずつやった
村の車の登録やいろんなデータのパソコン入力
慣れるとおもしろい
カチ…カチ…
村の移動販売車の出入金管理
売上金を機械に入れ集計
ザラ ザラ ザラ ザー
500円玉…欲しいな…
憧れのお金の中でも500円玉が一番好き
ジーッ

村に働きに来ている一般の人の給料袋へ給料とは別に出勤日数に応じて村の有精卵サービス券を入れる
あっ松田さん
初等部の時アメくれた人
今はこっちの村に働きに来てるんだ
年月分
給料
自 年 月 日
至 年 月 日
松田殿
卵サービス券どっさり入れてあげたいな
あの時のお礼…
うず
うず
でもバレた時松田さんが困るかも知れないしやめておこう
卵券は印刷から封入まで全て任されていた
父が職場で飼っているミドリガメにエサをあげたり
かやーあい子ーご飯だよー
魚肉ソーセージ
父のネーミングセンス…
かや（私の名前）
あい子（妹の名前）
きよ子（母の名前）
なんで私たちの名前なの
ちょうどメス3匹だったから
きよ子は水槽の水替える時溺死した
ブクブク…って沈んでそれっきり
その後も
今日かやが死んだ
岩に挟まれて圧死
お父さん生き物育てるの向いてないんじゃない
かや…
パソコンにも慣れ
あなたこの仕事向いてるかもね
経理とかデータ管理
苦じゃないでしょ？
教えてくれた村人
カチカチカチカチ
毎日この職場へ向かうのが楽しみになった頃

突然
かや そろそろ 高等部 戻ったら？
んん？
えっ？
!?
高等部へ戻ることを打診された
話し合いらしい話し合いも結局せず ただ親元でボーっと過ごしていただけで 簡単に戻れるとは思っていなかったが
かやも高等部で やりたいことあるだろうし
今後どういう姿勢で やりたいか世話係さんに話して また高等部でやっていったら良いよ
結局なんで私は 親元に帰されたの
私の気持ちに関係なく 大人の指示であっち行ったり こっち行ったり
今後の姿勢…？ 一体何を言っているんだろう
あれほど戻りたかった高等部なのに 戻ってやりたいことが何も思いつかず
別に高等部 戻らなくて良い
退学する
えっ
本当に それで良いの？
お父さんはさ、やっぱりかやは 高等部で他の子と一緒に 育っていった方が 良いと思うんだけど
今手伝って もらってる仕事は 親元ミーティング 扱いだから できることで
もし高等部やめたら 村人として別の職場で 働くんだよ？ 良いの？
戻る 理由がない
それで 良い
一度決めたら動かない性格なので 父の説得にも動じず こうして高等部退学が決定した

おだやかな暮らし
大人への反発でなく、自分の素直な気持ちに従っての退学だったのでとてもすっきりした
今まで高等部に行かなきゃとか子供は学部にいなきゃとか
無意識のうちに自分で決めつけていたな
生き方は人それぞれだよね
高等部を退学するってどういう意味？どういう立場になるの？
一般でいうと「高校を退学した」に近いかな？同年代の子がいる場所からひとり離れるわけだから
父の言った通り職場は変わり村人の話し合いによって私は畑で働くよう指示された
当時の感じだと村の子で学部に入ってない子は準村人みたいな立場かな
村を出たい子だったらまた違う対応だったと思うけど私の場合はとりあえず親の村で「村預り」って感じだった
えーと
ふーん
販売する野菜を作っていた本部の広大な畑とは違い、親の住む村の畑はその村の村人が食べる分の野菜だけ作っている小規模なものだった
あぁかやか
じゃあ草むしりでもやってもらおうか
…
畑担当は年配の村人夫婦
高等部では常に効率とスピードとやる気を求められ人と比べられていたが
腰上げな!!
手が遅い!!
時間計りまーす
ジン ジン
この小さな畑には比べる人もおらず腰を下ろそうが手が遅かろうが注意もされず
自分のペースでやらせてもらえるなら単純作業の多い農作業は嫌いじゃないんだよね

いつも3人でおしゃべりしながら作業
へーじゃあ若い頃はモテモテだったんだ
おう女性には苦労しなかったな
またその話か
2人の半生記を毎日聞いていた
今でもハンサムなモテ男はその後
いやー結婚相手この人のお姉さん(美人)かと思ってOKしたら勘違いで
結婚式当日隣り見てびっくり!
ふん
働き者の娘と結婚
産まれた娘4人にそれぞれ昔の彼女の名前をつけたという
…いろんな人生があるんだなぁと思った
へー
雨が降れば作業はお休みで1日中部屋でテレビを見ていられる
ザーザー
ピチャン
ポチョン
あっ雨だから今日はお休みだ…
キャベツ畑に卵を産みに来るモンシロ蝶を追いかけたり
青虫嫌い
捕まえた蝶は網の上から踏み殺して
でしでし
アリへ貢ぐ
ご飯だよー
作業中もこまめに休憩があって
そろそろナシの収穫もせんとな
そうじゃのうおっ栗虫じゃ
休憩中も手仕事する働き者
あっ栗虫ちょうだい
アリへ貢ぐ
栗虫は人気あるなぁ
自分のペースで無理せず作業しているだけなのに重宝がられ、おしゃべりしつつその日できる分だけの仕事をして
何の種まいたの?
玉ネギだが出てこんのう
少し水が足らないんじゃないか?

お茶して
働いて
お茶して
働いて
すっかり馴染む
とんぼだー
ガタ
ガタ
この2人の孫は私の高等部の同期だったので
元気にしとるかね
うん元気だよ。前一緒に作業した時色々話してー
ほーっ
そうか！
元気そうだな
ほーっ
その子の話をしたらとても喜ばれた
これは結構意外で、離れて暮らすことが当たり前の村にいるんだから村人は「実の子」とか「孫」とかをあまり気にしてないんだろうと思っていた
こんなに気にしてるんだ
お互い村にいるんだしもっと会わせてあげたら良いのに
かやが来てくれて本当に良かったよ
畑仕事も真面目にやるしこのままずっと手伝ってほしいな
そうしろ！そして年頃になったらこの村で結婚すれば良い
ワハハハハ
えーここにはいたいけど結婚はやだー
まるでもうひとりの孫のようにかわいがってもらっていた
そんなある日…

村の実習生
かやはまだ子供だから大人と暮らすんじゃなくて同じ年頃の子と一緒にいた方が良いと思うんだ
本部に行って実習生の子たちと生活しな
えっ
実習生とは、様々な理由で高等部に所属しない村の子
私みたいに親元ミーティングに帰されてそのまま…とか世話係さんの手に負えなくて…とか
村の子のエリートコースを外れた子たちだね
学費はどうなるんだろう？
学部にいた頃見かける実習生は髪を染めてハデな服で
クッチャクッチャ
あっ実習生だ
行こう
行こ！
少し怖くて近寄りがたかった
村の子は大人に言われたことは反論せず受け入れるよう教育されていて
決まりなら仕方ないか
ずっと私が同じ部屋にいるのも両親に悪いし
毎晩6畳間ぎゅうぎゅう
不安だったがしゅくしゅくと受け入れた
てな訳で本部へ行くことになりました
お世話になりました
ここにずうっとおれば良いのに
これからまた人手が要るのに何考えてるんだ上は
なんでまた
行かんで良いぞ
淋しくなるな…
お世話になった2人と畑に別れを告げ
母に連れられ本部の実習生宿舎へ
いらっしゃい
どうもお世話になります
はいはい
実習生の世話係
ドキドキ

じゃあお母さん行くねー
元気でやるのよ
はーい
あんた高等部に戻る気はないのね？
ないです
こっちよ
あっそう
スタスタ
スタスタ
あんたはこの部屋ね
今みんな午後の労働中だから後で紹介するわ洋服の整理でもしてなさい
ガラーン
シーン…
…
…
シーーン
…
なんで私こんなとこいるんだろう
やっぱり元の村の方が良いからお母さんに言って戻してもらおう
今なら母がまだ近くにいるだろうと実習生宿舎を飛び出して
お母さ…
はー
はー
最初に母と到着した部屋へ行くもすでに母の荷物はなくて

それでもまだそんなに遠くへは行っていないだろうと村中探しまわる
どこにいるのお母さん！
お母さん
私も一緒に帰るよ
あっ
お母さ
ホッ
どの人影も母に見え近付くと違う人で
・・・
散々それを繰り返し ようやく
もう帰っちゃったんだ…
私は置いていかれたんだ…
戻れないんだ…
絶望と共に悟り他に行くあてもなく
実習生宿舎に戻った
ひーん
お母さ〜ん
帰りたいよ〜〜
お母さ〜〜ん
ひーん
グスッ
ズルッ

お母さんはもう元の村に戻ったから一緒には帰れない
うっ
うっ
ここの大人に元の村へ戻りたいって言っても叶うか分からないしお父さんたちが困るかも知れない
居場所がない
ここにはいたくない
ここじゃなくて知ってる場所…いっそ高等部でも構わない！
そう思うと無性に高等部が懐かしくなり
思い詰めて実習生の世話係の元へ行き泣きながら直訴
高等部に戻りたいです
グス
ズビッ
日頃すれた実習生ばかり見ていた世話係は泣きながらすがる子供が新鮮だったようで
あなたの素直な気持ちはよく分かったわ
ニコ
ニコ
すぐに復学するのは無理だけど話は高等部の方にしておくから
一度退学した高等部へ戻るためには高等部の世話係との面談が必要なのだが、すぐには会ってはもらえないらしく
「果報は寝てまて」なんて思っちゃダメよ
戻れるかはあなたの態度次第 本気で復学したいなら行動で示しなさい
はい…
子供が真面目に労働などに取り組む姿勢を見て世話係同士が話し合った上でようやく面談の日が決まる
こうして面談を待ちながら実習生として生活することになった
ズビ…

自由がいっぱい
食事の時間になったので世話係に連れられ食堂へ
実習生は村人の食堂の隅のテーブルでひっそり食べる
かやよ 今日から一緒に暮らすから
…ふーん
…
…
ポツポツ来る実習生に紹介してもらうがみんなおしなべて素っ気ない
食事の後 部屋に戻ったら以前中等部で一緒だった後輩たちが来て(今は実習生)
かやちゃーん!! びっくりしたよー
キャー
嬉しー!! かやちゃんだー!!
やーん久しぶりー!
あっちの部屋にテレビあるよー
色々教えてくれた
食事の時無視されていたのは世話係だったようで
だって超ムカつくんだもん あの人
聞いてよ私なんかさぁ
へー
ご多分にもれず世話係は子供に嫌われるようだ
その時の実習生メンバーは16歳が4人、19歳が1人と私の計6人
中等部時代の後輩(知り合い)
面識のない年下の子
高等部時代の先輩(知り合い)
実習生になった理由
なんでだろ?
世話係さんに「高等部には置いておけない」って言われて
最初から高等部に入る気なかったし
さぁね
詳しくは聞かなかったが、みんな大人に言われて仕方なく実習生をやっている雰囲気だった
成人までは一般に出ても働けないし
私は近いうちに脱走して一般に行く
ふむ
脱走!!

脱走とかあるんだ？
うん 結構いたみたいだよ
計画立てて一般にいる親や友達の家へ向かうの
？
うまくいくこともあれば途中で村人に見つかって連れ戻されることもあったようだ
中等部男子なんて脱走が見つかろうものなら世話係にボコボコにされるって聞いたことあるよ
ちなみにこの時の実習生の先輩は脱走に成功したようで、それきり戻って来なかった
へ、へぇ…
初めは緊張していた私も、実際に実習生と話してみたらみんな良い子ですぐ仲良くなった
自分の意思がはっきりしていて正直で
むしろ高等部の子より素直な子ばかりだった
高等部と違い実習生は結構自由で
居間のテレビは自由に見られて
ほぼ毎晩デザートタイムがあり
本・雑誌も置いてあり自由に読める
本棚にあった本がおもしろかったので
この作者の書いた娘編が読みたいんですが
あらそう、村の図書室で探して来てあげる
頼んだら世話係がリクエストした本を持って来てくれたりした
ングスレイ
スマンの
父より息子への
30通の手紙
城山三
訳
LETTERS OF A BUSINESSM TO HIS SON
毎週木曜日の午後はお休みで
すごーい
大作!!
みんなそれぞれ好きなお菓子を作った

作ったお菓子は好きに食べて良く
味見でみんなに配って残ったケーキは一気喰い
ガフガフガフ
高等部をやめた時 漠然と
私村の考える良い子コースから外れるんだな
と感じて親に申し訳なかった
実習生になれと言われた時は
この私が実習生…
あの不良集団の仲間入り…
かなりの悪《ワル》になった気がしていた
が、実際実習生になってみると
振り付けの練習しよ？
オーオオー
オッオッ♪
とっても楽しくて
意味の分からないミーティングも日記も無いし
やだこの生活かなり楽しい
初日に淋しさの勢いで高等部へ戻るって表明してなかったら多分ずるずるとここにいたわ
ずっと実習生でも良いかなと思うくらい実習生の暮らしに馴染む
当時 実習生は村の本流から外れた子供たちだった
学部の子たちからは恐れられ
ヒソヒソヒソ
交わることのないよう離れた場所で生活し
村人からは存在を無視または敵視され
今度高等部のミュージカルが東京で…
村の拡大…
幸せな実態を…
できるだけ目立たないよう村の片隅でひっそり生活していた

実習生の1日
朝7時 労働
村の食堂の厨房で下拵え担当
食材を切ったり洗ったり
あれ 今日 あの子は？
具合悪くて寝てまーす
朝起きてやる気がない時は
各自勝手に自主休業
実習生に指示を出すのは
いく子さんといって
今日は
モツ掃除よー
ほがらかな女性だった
えー！
食堂の下拵えの一切を取り仕切る
いく子さんの旦那さんはなんと
国際線の現役パイロット
フライトがある時は
村から出勤
してるわよ
パイロットって
お金持ちでしょ？
もったいなーい
なぜ村に!!
へー!!
高等部と違い、おしゃべりしながら
作業していても殆ど注意されない
次は何？
あー キャベツ
2ミリスライス
じゃあそれは
私がやるから…
実習生は下拵えを
ほぼ任されていたので
しゃべりながらも
作業は手早い
珍しい果物のカットがあると
ほら今のうち!!
モグモグ
ぶっ
やだかやちゃん
食べ過ぎー!!
良いんだよ
どうせ減ってるなんて
分かりゃしないんだから
お腹いっぱいつまみ喰い
モグモ…
ぐっ
ドン
クックックッ
ほら
早く！
村の食堂のコックさんは中国の人だった
元々
一般でキ
調理をしていた大柄な男性

かや、これシェフの所持って行ってー
えっ
火の通りの早い順に切ってあるからそう伝えてね
いく子さんに言われて持って行ったが
かや!なんでちゃんと伝えないの シェフ分からなくて一気に鍋にいれちゃったって!!
男性《シェフ》に話しかけることができず黙って渡したので後で怒られた
11時 昼食・昼休み
かやちゃん音楽ダビングする?
ラジカセあるよ
するする
わーありがとー!
ラジオの番組表を調べて
あーこの曲良いよね
うん好きなんだー
この人今日のMステでるよ
マジで?
絶対見る!!
好きな曲をカセットへダビングして何度も聞く
午後2時 労働
厨房の下働き
貯蔵庫の冬瓜《とうがん》を運んだり
奈良漬の天地返しをしたり
村のお年寄りや1日体験者に指導しながら一緒に作業することも多かった
えっと
トマト…トゥメィトゥのカットを…
Yes?
夕方 お風呂
みんなで行く
V6の新曲良いね
岡田君めっちゃかっこ良いわ!!
SPEEDの新曲も良くない?
実習生は表通りを通ると村人や学部の子に会って嫌な思いをするのでお風呂へ行く時は裏道を通るようにしていた
お風呂は中等部の子たちと同じ場所を使う

うわっ私たちの時間あと20分しかない
4:00
4:30
5:00
6:30
8:00
お風呂の入口にその日の利用者の時間割が出ているのだが、日陰の身の実習生は割りあて時間が少なかったりひどい時は忘れられていたりした
私たち人数少ないから効率が悪くて嫌がられるんだろうけど
あっあの悪ガキ共また覗いてる!!
やべっ
逃げろっ
それにしたって…
初等部の男子がふざけて覗く→
時間割から外れてしまった場合は村人のお風呂を利用するのだが
村人ご自慢の見晴らしのよい大理石風呂
実習生はその横にあるシャワー室で見つからないよう急いで体を洗うだけ
シャワー室
シャー
村人に見つかると色々やっかい
使わせてやってる
ここはあんたたちが使う場所じゃないよ!
あれ?あの子たち…
ヒソ
ヒソ
実習生よ
眉をひそめる
無関心
…
なんでうちらいるだけで厚かましいみたいな扱いなの!?
自分らの気に入らないものは排除したいんだよ
私たちだって労働力になってるのに
うんうん
6時 夕食
食後は居間でテレビを見ながらデザート食べたりおしゃべりしたりして過ごし
オーオオー
さぁ輪になっておどろ
お菓子は世話係が持ってくる→
むしゃ
むしゃ
ポリポリ
適当な時間に寝る

ステキな村の蔵
実習生の暮らしは居心地の悪さもあったが嬉しいこともあり
洋服の希望出してた子来なさい
はーい
わくわく
はい
30分で選びなさいよ
キャーッ!!
そこは本来大人だけが入れる「蔵」と呼ばれる巨大な部屋で、中には驚くほどたくさんの衣料品があり
あとこれもっ!
何それ透け透けじゃん!
シースルーこの先流行る!!
ギャー
ギャ
こんもり
ここから好きな服を好きなだけ選べる
流行る訳ないじゃん!!
ギャハハ
ギャハハ
楽しい!!このためにでも私実習生になれて良かったわ!!
大・興・奮!!
学部の子供は絶対入れないもんね!!
シャッ
シャッ
自分で選べるだけでも嬉しいのに膨大な量から選べるのがまた贅沢で
お古や流行おくれの物がほとんどだが、たまに新品や掘り出し物もあり
このネックレスカバンのチャームに使えそう
そろそろ行くわよー
ジーッ
アレンジによって使いこなせそうな物を見つけ出すのが楽しかった
着てみてやっぱりだめだったり着飽きた物はまた「蔵」へ戻し違う物をもらえば良いので
この村の「蔵」システムは良いよね
ほくほく
実習生の間中着道楽を楽しんだ

洋服以外で欲しい物がある時は紙に書いて担当者へ渡す
居間の本棚にあった雑誌を模写中
この服イラストの参考にしよう
ん？
装苑
うわーかっこ良い
こんなシンプルな腕時計があるんだ
¥20.000－
村の子は外の作業が多いので腕時計は必需品
世話係さんにもらえるのおじさんっぽいデザインばかりだしなぁ…
質実剛健
銀色の金属ベルト
（腕の毛はさまる）
ジャラッ
装苑
世間にはこんなデザインの時計も存在しているのか
よしっこれを絵に描いて世話係さんにリクエストしよう
こんなの…っと。
後日却下された
あんた腕時計持ってるじゃない
村ではこういうデザインの物は買わないから
がっかり
はーい…
アクセサリーぽいからダメだったらしい
このように希望した物はもらえることもあれば却下されることもありその判断は世話係がしていた
リクエストされて村になかった場合は買ってくるわけ？
うん
必要と認められれば村の総務が一般へ買いに行くの
総務のセンスによって村の子の服装が左右されるからみんなドキドキだったよ
中等部時代
コートやパジャマはまとめ買いしてたみたいで
…
よく同じ物渡されてお互いビミョウな雰囲気になったり

なんか話聞いてると本部と他の村の格差がありすぎない？
一般の人が村人になる時私財は全て村に寄付することになってたんだけど
それも本部が引き受けてたから他の村よりも倉庫が大きかったんだと思うよ
物は本部にあるけど村の共有の物だから他の村で必要な時は本部から送るので結局どこにあっても一緒でしょ
でもソフトクリームの機械とか大理石のお風呂とか本部は贅沢だよね
他の村から不満は出ないの？
まぁ本部は規模が大きいから設備も大がかりだなとは思ってたけど
他の村も本部と同じ設備が揃ってたよ
村人は基本的に物は「誰のモノでもない」「物質的豊かさより心の豊かさを追求」みたいな考え方だったから
？
マインドコントロール!?
「金のいらない」「心の豊かさ」とは言いながら実際は金かけて贅沢な設備を揃えてるのが不思議だ
金使ってんじゃん
金いらないんだったら金をできるだけ使わず質素に暮らせば良いだろう
「村の考えを実践したら理想社会になるぞ」と見せるための村だから
村人の思う理想を具現化したかったんじゃない？
？
お風呂とか食堂とか普通の人が普通に使う部分を立派にすることで豊かさを表したかったんじゃないかな
いや反対にそうすることで村人に幸せだと思わせて働かせてたって可能性もあるんじゃない？
村の考えは分からないが特に疑問を持つこともなく私の実習生生活は続いた

高等部に復学
こうして数ヶ月 実習生として過ごしているうちに高等部から面談の連絡が来て
実習生が楽しくてすっかり忘れていた
世話係と1対1で話をして
みんなと共に暮らすことで得られるものがあることに気付き…
うんうん
泣いて戻りたいと思った時の気持ちを必死で思い出す→
気持ちは分かったわ
あなた、一度高等部離れてみて良かったかもね
私もそう思います!
キリッ
…
こうして面談は終わり
数日後復学許可が下りて
実習生のみんなに別れを告げて
ばいばーい
元気でねー
またねー
高等部に戻った
久しぶりー
あっかやちゃんだ!!
何してたの?戻ってきたの!?
約1年高等部を離れていて、戻ったのは高等部3年生の初めだった
私がいない間みんないろんなことしたんだろうな…
周囲の高等部生がみんな自分より偉く見えて少し落ち込んだが
キャ
かやちゃんずっとテレビ見られたんでしょう?
SPEEDの新曲分かる?
うんカセットもあるよ
教えて!!
後で貸して!!
村の子は口伝《くちづ》てで歌を覚える
戻って来たばかりの私は高等部の中では一般の世界を知る最先端で覚えている限りのテレビや音楽の話でみんなを喜ばすことができた

こうして無事
みんなに溶け込む
実習生の子たちと たくさん歌って 覚えておいて 良かったなぁ
今日は緑地公園（村の公園）で屋外食
あっかやちゃんだ
おーい かやちゃーーん
わい わい
あっ 実習生のみんな
やっほう
元気ー!?
実習生…
ザワ ザワ
私たち あっちの ブルーシート だからー
じゃーねー
おかげさまで 元気です
ぶんぶん
かやちゃん知り合い多いね
あれ実習生でしょ？ 怖くないの？
いやみんな良い子だよ
みんな甘い物好きで テレビ好きの普通の子 カセットデッキとか漫画も 貸してくれてさ
まぁそうか 同じくらいの 年だもんねー
良いなー
へー
意外ー
優しいじゃん
誤解が解けて良かった
そういえば実習生の子にも
かやちゃんみたいな人が 高等部にいるなんて 思わなかったよ
って言われたなぁ
お風呂の行き帰りに みんなで歌ったの 楽しかったな
はーてー しーなーいー♪
あの雲の かなーたーへー♪

祭りで同窓会
毎年楽しみにしていた年1回
行われる「※タダの祭り」
本部へ行ってからは会場が
近いこともあり毎年参加した
※村主催の祭り 会場内で出される物は全て無料
用意した手作りクッキーやぬいぐるみでリュックがぱんぱん
気合いを入れたヘアセット
高等部女子部はみんなお揃いの格好
祭りの日は全国の村から子供が集結するので「知った顔に会えた時プレゼントを渡そう」と色々用意して出掛けた
中等部や高等部の途中でやめて一般の家に戻った子も遊びに来てくれて
やっほー来たよー
あっあやちゃん!!
久しぶりー!! 今何してるの!?
キャー
キャー
あっかやちゃんの好きなホワイトチョコレート持って来たよー
はいどうぞ
マジで!? ありがとう!! あっクッキーいる?
うん!!
アハハ
良いなー
旧交を温めつつ物々交換
高等部生は祭りに行くというより祭りを作る側になるので忙しい
じゃあ私たち おにぎり作らないと いけないから
あっそうか
また後でねー
クッキーさんきゅー
朝からせっせとおにぎり作り
日中はおにぎりの手渡し
はいどうぞー
くれ
くれ

祭りで久しぶりに会えるのは
元村の子だけでなく
妹のあい子
今年は何あげようかな
遠くの村の初等部に入っていて
1年に1回くらいしか会えない妹にも
必ず会える
ねぇアメ作る時
ペロペロキャンディー
作ってくれない？
どうかひとつ!!
内緒で！
え～…
これっきりにしてよ
バレたら
やばいし
村の農産加工場で
アメやジャム作りの
担当だった同級生に頼み込み
妹の好物だったアメを用意できた
あい子ちゃん
アメ好きだって
言ってたからなー
以前本人から
聞いた情報
喜ぶぞー
アメの切れ端も
もらった
当日の朝
ドヤ ドヤ
お姉ちゃん
会場で妹と
遭遇するも
あっあい子ちゃん
後でまたねー
アメ入り
リュック
いそげ
にぎれ
おにぎり
いそげ
手が離せず
見送る
ようやく作業を終え
祭り会場を巡るが
しまった!!
会場の広さを
甘く見てた
妹の姿は見当たらず
結局アメは渡せなかった

妹にアメを渡せず
がっかりしながら次の役割へ
祭り会場の出口で
帰る人たちへ
花を手渡し
マリーゴールド
くれ
くれ
くれ
みんな
花が好きなんだなぁ
そこへひとりの
長髪男が現れた
高田かやさん
あっちに会いたがって
いる人が来てるん
ですけどちょっと
抜けられますか？
チョーダイ
こっちこっち
はやく
ちょっと
あんた
横入り
!?
訝《いぶか》しがりつつもついて行ったら
見知らぬ
ヤンキーの男2人と
幼馴染みの
みよちゃん
かやちゃーん!!
よう
来たぞー
??
ん？ みよちゃん？
…ってことは…
えっ!?
保育所時代から
初等部まで
ずっと一緒だった
幼馴染みたち
だった
うそー!?
実の親や妹よりもほぼ毎日一緒に
過ごしていたこの幼馴染みたちは
ほとんど分身みたいなもので
すごーい
来てたのー!?
あっクッキーもう
1袋しかないけど
食べる!?
はーい
俺食う
お前変わって
ねーなー
じゃあちょっと
歩きますか
みんなが揃ったの
何年ぶりだろう
うん
みんな同い年で0~1歳からの付き合い
ほかにも同学年で
一緒だったやついたよな
さっき見かけたよー

テツオ君とケン君でしょ高等部にいるよ
一般
クッキーちょうだい
実習生
そうか俺らの中でまだ高等部にいるのはそいつらとかやの3人だけだな
俺も
養護部
みんなバラバラになっちゃったね
懐かしくて盛り上がっていて気付かなかったが
（男嫌いなはずの）私が見知らぬ男たちと連れ立って歩いていたので
誰？
このクッキーうめえな
あぁお前のオヤジさんも確か菓子作るのうまかったよな
手作り!!
!?
あーそうだったね
ものすごく目立っていたようで
祭りの後周りの子たちに質問攻めにあった
ちょっとかやちゃん誰あれ!?
男の人と一緒にいたって本当!?
びっくりしたー
一般の人？
やるぅ
見た目は大きく成長していたがみんな根っこは昔のまんまですぐ打ち解けられて嬉しかった
じゃあまたどこかで一度集まりますか
そうだねたまに会えたら良いよね
高等部だとちょっと無理じゃね？
そんなことないよー
じゃあさ今度は村の文化祭でさー
あっそれ良いねー

学究旅行
高等部3年の最後にある「学究旅行」はいうなれば卒業旅行で労働は全て1・2年生に任せて3年生だけ約2週間の旅行へ出掛ける
その間に2年生が最年長になる自信をつけるの
自分たちに責任がかかるから
「学級旅行」じゃないあたりが…
いやな予感
そう旅行は旅行でも「学び」「探究する」旅行!!
何にでも意味を持たせるのが村の流儀!!
高等部の労働も働くことが目的ではなく、あくまでも目的は「労働を通して成長すること」だった
心の持ちようで無償の労働をプラスに思わせてるの?
どこぞのブラック企業みたいな考え方だな
村人は多分善意で子供が育つためのお膳立てをしてくれてたんだけど
君たちは何も考えず思いっきり学べと言われてもね…
やる前から「学ぶ場を用意したよ☆」って言われてもなぜかやる気でないんだよね
それはさておき 学究旅行
東海地方から村のバスに乗り各地の村に宿泊しながら北日本を巡る
たまに一般のお店で昼食をとることもある
売店にあったお菓子の試食を食べ尽くし
おじょうちゃんたちこれおいしいでしょ?
お店の人
良かったら買ってねー
私たちお金持ってませ〜ん
モグ
モグ
モグ
見かねた世話係が1箱買っていた

観光もした
国立公園の植物をとるのは犯罪だよ!!
原生花園の木苺を1粒食べてしまい散々怒られる
懐かしくてつい
知らなかった…
もちろん各村で労働もする
秋田ではメロン収穫
北海道ではじゃが芋 収穫
北海道の村で飲む牛乳はびっくりするくらい濃くて
何これ!! ピッチャーの上に層ができてる!!
うわっ 生クリームみたい!!
北海道の初等部出身の子たちが「本部の牛乳は薄い」と嘆いていた意味が分かった
どこの村でも「村の未来を担う若者たちが来た」と歓迎してくれ
その村の生産物や貴重で珍しい食材を使った心尽くしの食事が出され
夜はそこの村人一同との懇親会が開かれる
ようこそいらっしゃいました
こうして後継者が育っていることが嬉しくてなりません
では自己紹介を…
ワイ
ワイ
こんな待遇は初めてで
なんでここまでしてもらえるんだろう?
私は何をお返ししたら良いんだろう
??
私何も持ってないのに…
根を詰めて考え過ぎて
熱を出してしまった
かやちゃんが熱ー
薬持って来てー
自己管理くらいちゃんとしなさいよ!
旅行中なのに!!
きゅー

変わりゆくもの

村への批判
初等部の終わり頃から村では入村を希望する一般の大人や子供が増加した
生産物もどんどん増えてこのまま村が広がって行くのかと思ってたんだけど
子供たちが気付かないうちに少しずつ雲行きは変わっていて
ちょっと急激に大きくなり過ぎてるよね
摩擦も大きかっただろう
やっぱり大きかったのは1995年のサリン事件だと思う
私は村にいたから一般社会の電車とか通勤とかは現実味がなくて
まさかこの事件が村に影響するなんて思いもよらなかったけど
確かそのあとオウムと村が同一視されたんだよね
村人は
村とオウムの違いを聞かれたから「プリンとサリンの違いです」って言っといたわ
ワハハハハ
笑い話にしていたが
その頃から村にはマスコミの取材陣が来始めたまに歩いている村の子がインタビューされたりもした
あんなのやらせだよ私みたいに村に文句ありそうな子には絶対声かけてこないで
いかにも真面目で村の考えに染まってそうな子にだけ話聞いてる
私じゃ普通の子すぎてニュースにならないんでしょ。「村の子は洗脳されてる!!」ってテレビ見てる人に思わせたいんじゃない?
高等部のちょいワル上級生
批判本などを読んでも思ったがどうも村の子を「何も知らず洗脳され使役されるかわいそうな被害者」という設定にしたいようだが

世間が言うほどうちら悲惨じゃないよね
まねー
もしかして村がニュースになったらジャニーズの人も見るかな？
まさか村の女子に自分のファンがいるとは思いもしないだろうね
いや、でももし見ててそこに映ってる私を好きになったり…
ないない
当の本人たちは批判をネタにして遊んでいた
1998年の春
ババババ
ババババ
バババババ
?
その日は朝からやけに騒がしかった
頭上にはヘリコプターが飛びかい
村の中あちこちに見たことのない大人たち
ーーー
ーー
一般の人かな？何しに来たんだろう
?
昼食後ロビーの新聞で事態が判明
うわっ一面にでかでかと村の記事!!
えっどれどれ？
200億円 申告漏れ
村の税金の申告漏れ200億円に対し数十億の追徴課税がなされたことを伝える記事だった
世話係に
ちょっと村と一般の間で思い違いがあったようで
決して脱税ではないから安心してちょうだい
と説明され
村の中で所在なさげに佇んでいた記者の人たちも村が平常運行なので拍子抜けしたらしくすぐいなくなった
シンコク？
?
?
ゼイキン？
?
ダツゼイ？
?
追徴分のお金も一括で支払ったらしいよ
村ってお金あるんだねー
ハリには驚いたね！

ちょうどその頃、村ではまた新しい動きが始まっていて
村の学校を作ろうという話があるの
まずは小・中学校
今、村は農業法人だけど学校法人の認可申請をするから
話はかなり具体的で、村は学校用地として隣接していたゴルフ場を買い上げ、学校設立に向け着々と動きを進めた
村人の中に有資格者が大勢いるから先生も村人で賄えるらしいよ
プールもグラウンドもあるし、設備はすでにほぼ揃ってるもんね
ほー
色々意見がある中
でもさぁ村の学校なんてできたら一般の子とは会えなくなるんだよ？
村の学校入る子かわいそう
私は反対
私は
学校が近いと通学楽だよね
敷地内に学校かぁ…
少し楽しみだった
世話係の口振りからすると何も問題なく認可さえ下りれば来年からでもという勢いだったが
村を見てもらえば認可はすぐに下りるわよ
それからしばらくしても認可の下りる気配はなく
認可前の審査で引っかかってるらしいよ
子供を働かせてるとか朝食なしとかを突っ込まれたって
村反対派の人たちが色々動いてるって
そして認可申請をキッカケに村の様子は目に見えて変わり始めた
何かが動いていく予感…
ゾクッ

お休み万歳!!
学校法人認可申請の後
まず現れた変化が
ねぇ高等部に休みができるらしいよ
何それマジで?
え?
え!?
ヒソッ
10日に一度のお休み
正式発表
休みの日は労働はありません
ただ昼食・夕食と夜のミーティング・日記は通常通り行ってください
つまり朝6時~夕方5時まで自由時間
ドヨッ
おー
きゃー
すごいじゃん!! これまではほぼ365日休みなしだったもんね
でもよく村の考えじゃないのに休日なんて作ってもらえたね
たしかに村の考えとは違ったようだけど
うん!!
村の子のしてる作業はカリキュラムの一環で単なる労働ではないんだけどね
一般から見たらそうは見えないようで、指導があったんだけど こうやって外部からの批判で村がもっと良くなるから批判は大歓迎なのよ
と世話係は言っていた
ま…前向きだね
本心?
さぁ?
「一般の人たちも村が良くなるよう考えて意見してくれてる」
「取り入れて変えていくことで村はもっと良くなる」
「反対派の人も村人も一緒に村を作る仲間なんだ」って言ってたよ
こうして休日が設けられたが
休日といっても村の外へ出られるわけでもなくお金があるわけでもない
何をしたら良いか分からないまま手探りで休日に入った

ひとりずつ数字が割り振られて私は「5」の付く日が休日になりました
31日以外毎日誰かしら休んでることになります
ここで私の休日をご紹介
朝8時 起床
普段は5時半起きなのでまずはしっかり朝寝坊
くわっ
ふぁー良く寝た
いつも暗いうちに起きるから外が明るいのが新鮮
8時~11時 創作活動
物語作り この頃から童話を書き始める
この前労働中に思いついた話を書いてみよう
11時半~14時 昼食・昼寝
午後も労働なしなんて最高だわー
しあわせ!!
昼寝は敷布団を出さず畳の上で寝る
14時半 創作活動
お菓子作り
デコレーションするんだーすごいね
うんお兄ちゃんの誕生日だからあげようと思って
かやちゃんは何作るの？
村の中でできることは限られているため、休日の女子の大半はお菓子作りをしていた
ふふふ
新作✧
材料を申告しておけば当日までに世話係さんが揃えておいてくれるし
特にお菓子作りが好きだったわけでもないけど良い時間潰しにはなったよ
かやちゃんの作るケーキの原点だね!!

お菓子作りの後お風呂
夕食からはいつもの日常に戻る
かやちゃん今日休みだったの？
うんめっちゃゆっくりしたわー
良いねー
私明日休みー
作ったお菓子はプレゼントしたり
ひとり占めしたりみんなで食べたり
これおいしいねぇ
私も今度の休みこれ作ろう!! レシピ教えて
良いよー
次は何作る？
はじめはどんなお菓子を作ってもOKだったんだけど材料代がかさんだみたいで
途中から「バターをあまり使わないお菓子にしましょう」って決まりができたの
バターが高価な物だってその時初めて知ったよ!!
へー
モグモグ
男子は休日何してたんだ？
さぁ？全く接点がなかったから…みんなでスポーツでもしてたのかなぁ？
?
休日ができたことで日々の労働も
そんなに大変に思わなくなり、次の休日までの良いインターバルになった
あっ良いストーリー思いついた
今度書こう
最近寝不足だから休日にたくさん寝よう
仕事が大変な時ほど休みが輝くよね
私、充実した休日のために働いてる気がする
そう？俺働かなくても良いなら働きたくないなー

進路変更
休日だけでなく村では次々と大きな変化が…
村人、お小遣いもらえるようになったらしいよ
えっ!?
ずるい!!
「金のいらない」はどこ行ったのかねー
一般
村人
ねぇちょっと!! 来年から希望者は高校に通えるらしいよ
えぇえっ!?
高等部の子が学校行ったら一体誰が農作業するの?
学校行かない子と大学部の人たちじゃない?
っていうか学校!! 行く?
行きたいかもー
うちら18歳だけど高1からだよ
今さら一般の学校は…良いや
中学でもまともに勉強しなかったし多分ついて行けない
そろそろ高等部卒業の時期でみんな寄るとさわると進路の話
私は高校行きながら大学部かな
えっ大学部行くの!?
へー
村人になる人ー
考え中ー
村の子は高等部卒業と共に進路を選べる
大まかに分けると「大学部」「村人」「一般」の3コースだが大学部はエリートコースのイメージで行く気もなく
かといって一般に出る気もないし普通に村人で良いや
と思っていた私

ずっと一貫して
お金の心配しないで 言われたことだけ やってれば良いんだもん 楽だし私はずっと 村にいるよ
えー
へー
村にいようと思っていたし 周りにも公言していた
しかし休日・学校・お小遣いと 村の変化を見て
へー意外と なんでもあり なんだなぁ
私ももっと自由に やりたい事考えても 良いのかも
外からの働きかけを村が案外 柔軟に受け入れているのでそれなら 私もと、村に限らずやりたいことを 考えてみた
絵を描くこと… たくさん描いて来た
食べること… たらふく食べて来た
ふむ
今までを振り返り 自分の一番の希望を探って 出た答えが
…
もし希望が叶うとしたら
小さい頃に 親と暮らしたかった
これには自分でもびっくりした
えっ？ えっ？ 私の一番の希望って それ!?
未来じゃなくて過去!?
!?
あぁでも叶うならどんな時も それを望んだかも
今さら一緒に暮らしたいなんて 思ってないし 単なる私の観念だけど
自分の内側には 知らず知らずのうちに蓄積した 幼い頃の強い思いが残っていた
えーん
えーん
まだ 帰りたくない!!
あ…あと
1日だけでも 良いから…
しゅん
お母さん!!

いやー18歳にもなって「親と暮らしたかった」なんてどんだけ甘えん坊なんだ自分
一番の望みがそんな些細な事で良いのか
…些細な……？
あれっ？
そうだよこんなに些細なことなのに何故それすらできなかったんだろう
自分の大元にある思いが村の考えと異なることに初めて気付いた
村は学ぶことも学ぶ環境も全て用意してくれて、この年まで生活上お金の心配をしたこともなく何も考えず言われたことをしていれば良いだけの楽な場所だったけど
ここは私のいる場所じゃない
少なくとも私にとって理想社会ではない
自分の一番の希望は永遠に叶わない場所だった
こうしてひっそりと進路が決まった
村を出よう
かやちゃんは大学部じゃないでしょ？
かやちゃんは村にいるって決めてたもんね
デリケートな時期なので特に表明もしなかった
えーみんな村人ー？
じゃあ私も…
うーん決めたのは良いけどアレどうしよう
アレとは…

ミーティング合宿
高等部卒業前、最後のカリキュラムとして2週間のミーティング合宿がある
村人になるには「特講」の後この合宿を受ける必要があるの内容は主にミーティングでたまに作業とかもあるよ
へー
毎年この合宿の終盤に進行役の村人から
このまま村でみんなと一緒にやれますか？
と問いが出され、参加者全員がはいと言うまで解放されないという噂があって
拒否すると周りの子が「一緒にやろうよ」「私たちは仲間じゃないか」って説得を始めるの
上級生から「アレは怖かった」と聞いていたので
覚悟を決めていたが
最悪うそをつくしかない
村への批判の高まりに配慮したのかこの年は全員の気持ちが揃うまでミーティングが終わらないということはなく
村でやっていこうと思ってる子いる？
この先どう生きて行きたいか、今思ってることを出し合ってみよう
…
私は…
なんとなく村で一緒にやれたら良いねという雰囲気で進行役が問うに留まり時間が来たら切り上げられた
他のミーティングでは思ったことをどんどん発言していた私が、この入村の意志を問われるミーティングでは一言も話さなかったことで
かやちゃんもしかして村出るの？
うそ〜!? ずっと村にいると思ってた
え〜村出てどうするの？
他の子も気付いたようでとても驚かれた
まだ決めてないけど村は出る
うん
びっくりーなんでー？
こうして最後のミーティングが終了し高等部を卒業
途中1年間いなかったけど卒業式には無事参加

村を出る
卒業式を終えると、一般の子は一般の親の元へ戻って行き、村の子は大学部組と村人予備軍組に分かれ別々の生活へ入って行く
大学部へ行くのは実力者と呼ばれるやる気のある子たち
私たちがこれからの学部を作って行くの
ミーティング合宿で悩んでいた子たちも
んー村人になりたいっていうよりみんなと離れるのが不安…
とりあえずみんないるし村にいるわ
私も
結局ほとんどが村人コースへ進んで行った
かやちゃん
元気でねー
バイバーイ
カリキュラムは全て終えたし卒業式も出られたし晴々した気持ちでみんなに別れを告げ親元へ
バイバーイ
私変わってるのかな
大勢でいるのも楽しかったけど、ひとりになれるのも嬉しいなんて
親に話をして
一般に出るって…どういう事か分かってるの？
村とは全く違う世界なんだよ
うん
急がなくても良いからもう少し考えてみたら？
かやが一般でいきなり生活できるとはお父さん思えないんだ
…
両親からしたら自分たちの選んだ生き方を娘が選ばない訳だから淋しいだろうし両親に悪いなとも思った
でも意志は変わらない
ここを出る!!
もう決めたんだ!!
ここは私のいる場所じゃない!!

初めは穏やかに諭していた父も何日か話し合ううち
じゃあかやは人の中で成長するんじゃなくて
自分勝手にひとりで生きて行きたいってことだな!?
はい
村を出るってことがそういう意味ならそうなんだろう
だっ…大体仕事はどうするんだ見つけるの大変だぞ
あ、それは大丈夫!!
お金もらえるなら水商売でもなんでもやるつもりだから
水っ!?
お酒飲んで笑う仕事でしょ
ニコニコ
酒っ!?
覚悟と危険を感じたようで数日後
あーその件なんだけど
お父さんたちもちょうど一般で生活する話出てるんで一緒に出ない? 一緒なら家賃とかも浮くし
ふう…
えー…
まぁ別に良いけど…
へー良かったじゃん! 親と一緒に生活したかったんでしょ?
やったね!
いや親にはその理由言ってないの
単に「村を出たい」とだけ伝えた
一緒にいたかった時はずっと一緒にいさせてもらえなくてひとりで一般に出てやっていこうと決意したら今度は一緒に暮らそうとか言ってきて
その時はむしろ嫌だなーって…
何を今さら!!とか見張りかよ!!とか…
そ、そうなんだ… でもご両親はかやちゃんのために村を出ることにしたんでしょ?
それもまた少し違う
その頃村でまた新しい動きがあって高等部の終わり頃…
ねぇかやちゃんのお父さんたちも一般に出るんじゃない?
えっ

なんでも、古くからいる真面目な村人が選ばれて一般に出て行くらしいよ
もう第一陣が一般に出たって!!
かやちゃんのお父さんたちも古株だから多分次の候補に挙がるよ
一般…じゃあ私一般の子になるの？
今まで村という閉じた社会でやって来たが、これからは村人もどんどん一般社会に出て暮らして行こうとなったらしい
規模広げ過ぎて手に負えなくなったんじゃない？
理屈つけてるけど縮小したいだけだろ
うーん実際に村がどう考えていたかは知らないけど
親が一般に出ることにしたのは その当時の村の考えに沿ってのことではあると思うよ
一般に出てもしばらくは村までミーティングに行ってたし
親が何を考えて村を出たかは分からない
村の考えを一般に普及するためにってこと？
だって親の考えと私の考えは違うし、親の意志も理想も私には関係ないでしょう？
他人事《ひとごと》
特に知りたいとも思わずただお互いの利害関係が一致したくらいに思ってた
ドライっすね
親は村に深く関わっていたため引き継ぎにしばらくかかるそうでその間私は親の村で養豚をしながら過ごした
村は「自分が育つため」の労働で一般は「お金のため」の労働
一般の方が目的が分かりやすい!!
豚舎掃除
一般社会へ出ることに特別不安もなかった外国に行くわけではなく同じ日本だ
あんなに怖かった実習生の生活も慣れたらむしろ楽しかったし
一般だってへんに怖がらず色々体験してみよう
仔豚の体重測定
プキー
ブゴー
村での経験が私を強くしていた

エピローグ
親の準備が整い、一緒に村を出たのはそれから半年後のことだった
親が決めた田舎の賃貸アパートに引っ越し親子3人で暮らし始める
わー一般の家だ
何でもお金がかかる暮らしは新鮮でとても楽しかった
親がいない時は預ったお金でカップラーメンを買って片っ端から試した
おーいしー!
ぷはっ
一般で生きていくためには何よりもまず仕事に就いてお金を稼がなければと必死で仕事を探すが
うーん未経験だとね…
来てもらって悪いけどうちは男手が欲しいんだよ
中卒ということもあってか箸にも棒にもかからず
ハローワークの職員
そうねぇ中卒の求人あまりないのよねぇ
お父さん近くの製鉄会社に決まったから
大学中退
お母さんも明日から仕事行くわ
家政婦!
大学中退
…
あせる
新聞折り込みの求人に片っ端から電話をかけていたらひとり興味を持ってくれた社長さんがいて面接に行ったら村を知っていて
へーこれは珍しい子が来たな
村にいたの?どんなことしてたの?今ご両親は?
元新聞記者だったという社長さんにいろんなことを聞かれて
本当はもうひとり決まってるけど、追加で入れよう
村の子はよく働くって聞いているから若くても大丈夫だろう
よろしくお願いします
運良く仕事にありつけた

仕事は病院の食事を作る調理補助(時給630円)
朝食を作るため毎朝夜明け前に起きて出勤
・・・
おはようございまーす
おはよう!
同僚は近所のベテラン主婦たち(60〜70代)
村にいたので大勢の食事を作る調理場は慣れている
みなさん親切で、包丁の使い方や調理のコツなどを教わった
ちょっと!! 一番奥の病室のしゃもじ入れ忘れ! 誰か行って来てー
はいはい行きますよ
私ゃ腰が…
私ゃヒザが
若くて一番体力もあったので重宝されかわいがってもらった
ええか、ここだけの話よ ふきのとうがたくさんはえてる場所教えたろう
うんうん
今度富士山一緒に登らんか
登りたい!!
気の進まなかった親との同居も
今日はふきのとうとつくしの穴場教えてもらったよ
あらー良いわね今度つんで来てね
オバちゃんたち元気だなぁ
大分馴染んで楽しくなって来た
結果的に親と一緒に住んだのは正解だったと思う
話を聞いてもらったり相談したりできるから一般社会との摩擦が少なかった
人に話すことで頭の整理もできるしね

初等部時代に急に一般へ出て来たのだったら、村と一般のギャップにうろたえただろうが
私だってもう19歳で色々理解してたし人が言うような大変さは感じなかった
苦労したのは仕事探しくらいで
かやちゃんの場合は年齢と、出て来たのが田舎だったことが大きいと思うよ
スロースタートできたんだね
ただ、初給料日はうろたえた
13万!?
あれしか働いてないのにこんなにもらって良いの!?
あきらかにもらい過ぎだと感じた
3万くらいが妥当じゃない?
生まれて初めて郵便局で自分の貯金通帳を作った
ちょっきん♪ ちょっきん♪
村を出て1年後引越話がもちあがり
交通の便も良いし東京に引っ越そうと思うけどどうする?
親について東京へやって来た
村にいた時東京に憧れていた子が大勢いたのに
特に思い入れのない私が東京で暮らすなんて皮肉だなぁ
また、村の中等部にいた妹もその時引き取られ一緒に暮らすようになった
家の近くの中学校へ編入した
行って来まーす
子供だったので村と一般とのギャップは大きかったようだがすぐ適応したらしい
東京に来て良かったことは、仕事がいっぱいあったことで、面接に行ったらすぐ採用された
それから結婚するまでその会社で正社員として勤めたよ!
服飾関係
村を知ってる人も少ない!
ビバ東京!!
東京は人が多いから仕事の数も多いよね

東京にも仕事にも慣れた頃
家では母との冷戦が始まっていた
村でたまに会う時は
親として余裕の
あった母だが
昼はパート、朝晩は
家族4人分の家事
と忙しくイライラ
するようになっていた
村では自分の労働以外の
ことは全て人にやってもらうのが
当たり前だったから、私も一切
母を手伝わなかったんだよね
今なら大変さが分かるけど
親もずっと村にいたから
一般社会で暮らす中での
ストレスもあっただろうしね
何でも口うるさく注意されているうちに
嫌になって来て
そんなにグチグチ言い
ながら色々してくれなく
ても良いよ！自分の分は
自分でやるから！
と宣戦布告し
自分の食事は
他の家族と別に作るようになり
母とは口もきかなくなった
そんな状態の家に帰るのがゆううつで
仕事帰りは図書館に寄り閉館まで
時間を潰すようになった
毎日帰宅は9時過ぎだったが
母は何も言わず 腹が立ったので
よーしもっと遅くに
帰宅してやる
と決めたが行く場所がなくて
こんな時泊めてくれる
友達がいると
良いんだけど…
そうだ!!
と携帯電話で利用できた
「出会い系サイト」に
頼ることにした
こういうのは危険だし
どんな人間がいるか分かった
もんじゃないから近付かない
ようにしてたけど
こうなったらとことん
悪《ワル》になってやろう
無料メール
無料着うた
無料出会い
不良になるため、夜遅くまで部屋に
いさせてくれる女友達が欲しかったのだが
女性同士の出会いは斡旋しては
くれないようで

仕方ない 男の人でも良いや
でも一応注意はしよう 年齢を上げておけば 多分大丈夫だろう
20歳だったが30歳という設定にして 相手を探し
むむう
よしこの人にしよう
大分年上だし万が一にも 恋愛感情は湧くまい
こうして初めてメールを送った相手が
ピッ
のちの夫 ふさおさんである
?
呼んだ?
こうして年齢をごまかし メールのやり取りをした
やり取りっていうより ふさおさんの昔した 旅の話を送ってもらって いただけだけどねー
うん、でも途中であまりに 世間知らずなんで、30歳に してはおかしいなーと 思ってはいたよ
数ヶ月後 実際に会い、それからは 何度もドライブに連れて行ってもらった
魚おいしかったねー 次は中華街行って 中華も良いね
へー中華街!! 行ったことない
元々の発端であった母とのことも
でさぁ ひどいの お母さんがさぁ
ふさおさんに 話してるうちに 落ちつき
正面から真に受け過ぎだよ いちいちそれやってたら 疲れるだけだよ
自分だけの世界ができたためか 心に余裕もでき、自然解消
その頃もヒマがあればカタログを眺め いろんなシミュレーションをしていた
ベッドはこれ… 家電はこれが 便利そう…
私の今持ってるお金で 全部揃えられるんだなぁ

会社での立場も安定し、お金も貯まったので満を持して念願のひとり暮らしに挑戦
100万かけて吟味しておいた家財道具一式を揃えた
私の城!!
ひとり暮らしは楽しかった
朝誰とも話しなくて良いのが最高
ひとりになって初めて知った…
寝起きが悪いから朝は黙って過ごしたい
自分で使う物を自分で考えて必要な分だけ買える
好きな家具に囲まれて部屋にある全ての物を把握できてることがこんなに嬉しいなんて
ほうっ…
自分はひとりが向いているとしみじみ思った
お金は全然貯まらなかった
ひとり暮らしってお金かかるなぁ…
…
今までは実家で食費だけで済んでいたからなぁ…
ねぇねぇそれなら一緒に暮らさない?
お金かなり浮くよ!
…
こうしてふさおさんと暮らし始め今に至るのです
「おしまい。」だよね
うん
あとは幼少期の話があるけどもうお腹いっぱいでしょ
おつかれー
今でも村を懐かしむことってある?
うん過去だしもう戻れないからこそ懐かしく思い出すよ

特に初等部の頃
大勢の子供と
森に囲まれた村で
暮らしていたことは
そこだけポッカリと
時空が違うような
感じで不思議と
思い出す
色々あったけど
小さい頃って
責任もしがらみも
ないじゃない？
大人になってからの
役所の手続きとか
お金の計算とか 正直
逃げだしたくなるよ
子供に戻りたい！って
計算苦手
だからね
村の暮らし、一般に出てきてからの親との
暮らし、ひとり暮らしを経て今の
ふさおさんとの暮らし――
どの時代も常に
今が一番楽しいと思いながら
生活しています
カワハギ？ 肝醤油で 食べたい
まいど
はいはい
それと その鮪の しっぽを
三崎
ふさおさん
これ最高!!
外食も好きだけど
おうちのご飯が
一番だ!!
はいはい
あいかわらず
食べることが大好きです
自分たちには子供がいないので
子供に伝えたかったことを
本にさせてもらいました
このコミックが
そのまま私の
子供だと
思っています
ここまでお付き合い頂き
本当にありがとうございました
また何かの機会がありましたら
お会いしましょう！

あとがき

本作を読んでくださった皆様、ありがとうございました。字が多くて疲れませんでしたか？こうして『カルト村で生まれました。』の続編を無事に出版することができて少しほっとしています。

一作目を出版した直後から、講演会の依頼や沢山のインタビューの依頼を受け、「本を出すということはこんなに反響があることなんだなぁ」とびっくりしました。インタビューを申し込まれてから、その記事が載ったあとの広がりまで、普通に暮らしていたらきっと気づくことのない世の中の動きや横のつながりを、自分の作品を通して体感できたのは、とても興味深い経験でした。

「カルト村」の話に興味を持ってくれる人もいれば、私のイラストに興味を持ってくださる方もいて、本を出したことがきっかけで絵と字のお仕事をいただけるようになったことが、ここ一年で一番の変化です。沢山の様々なご依頼をくださった皆様にこの場を借りまして厚く御礼申し上げます。一作目を読んでいただき、続編を希望してくださった沢山の読者の方にも重ねて御礼申し上げます。お陰さまで無事、続編が出来上がりました。

そして今回も一緒に本を作ってくださった文藝春秋の臼井さんと馬場さん、デザイナーの大久保さん、大変お世話になりました。二作目ですっかりベタ塗りのコツを掴んでしまったふさおさんにも、お礼が言いたいです。お疲れさまでした。

今後もいろんな事を経験して、吸収して、作品に反映できたら良いなと思います。温かく見守っていただけたら幸いです。

今後共、どうぞよろしくお願いいたします。

高田かや

「夢の世界を」（作詞：芙龍明子　作曲：橋本祥路）
「チェリー」（作詞＆作曲：草野正宗）
「WA になっておどろう」（作詞＆作曲：長万部太郎）
「White Love」（作詞＆作曲：伊秩弘将）

ブックデザイン　大久保明子

高田かや

東京在住、射手座、B 型。生まれてから 19 歳まで、カルト村で共同生活を送る。
村を出てから一般社会で知り合った男性と結婚。
村での実体験を回想して描いた作品を「クレアコミックエッセイルーム」に
投稿したことがきっかけでデビュー。カルト村での初等部時代を描いた初の単行本
『カルト村で生まれました。』が大きな話題に。本書が 2 冊目の単行本となる。

さよなら、カルト村《むら》。 思春期《ししゅんき》から村《むら》を出《で》るまで

2017 年 1 月 30 日　第 1 刷発行
2017 年 3 月 10 日　第 4 刷発行

著　者　高田《たかだ》かや

発行者　井上敬子

発行所　株式会社　文藝春秋
〒 102-8008 東京都千代田区紀尾井町 3-23
電話　03-3265-1211

印刷所　図書印刷
製本所　図書印刷

ISBN978-4-16-390595-2
Printed in Japan